用腦袋思考
你不能總把希望寄託在好運上

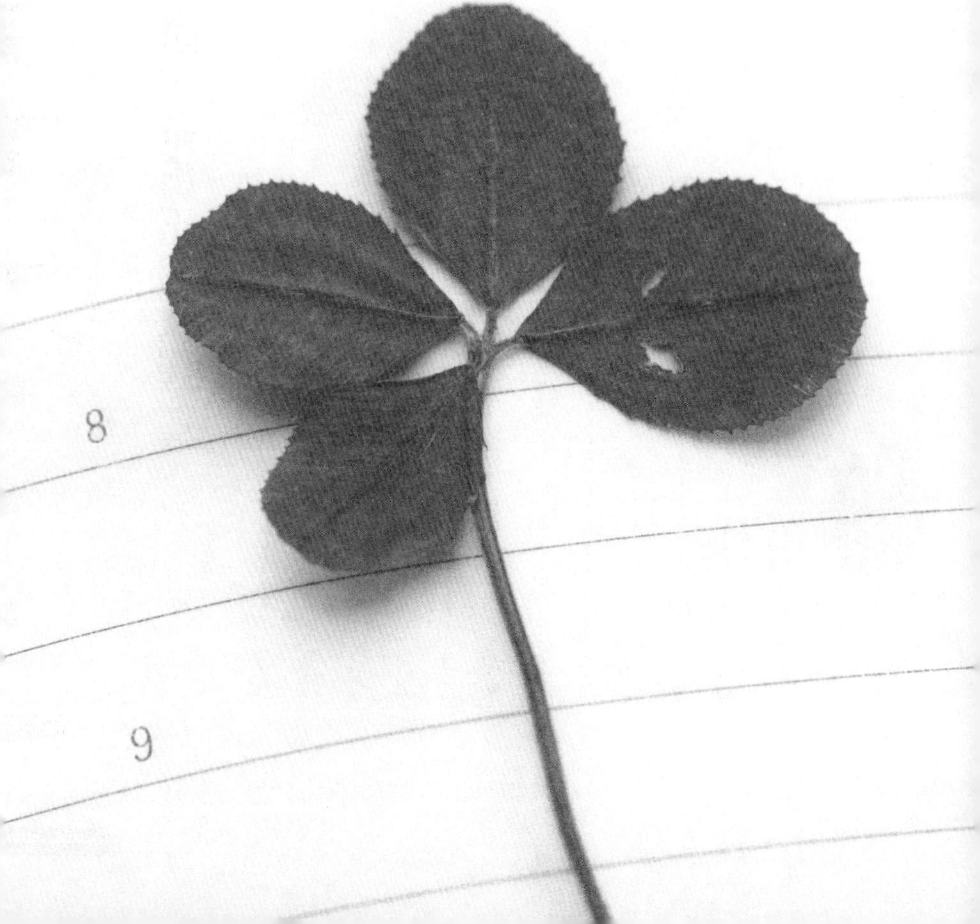

Chapter 1
善用頭腦思索問題，做出正確抉擇

狐狸、狼和騾子……10
想飛的小狐狸……12
古怪的外套……14
南岐人和大脖子病……15
一張琴……16
天下無雙的寶馬……17
走運的工匠……19
智慧、財富和幸福……21
一個裝水的罐子……24
關公和周倉……26
異想天開的懶人……27
施懷特養鵝……29
三代人和火腿……31
有預知危險本領的老鼠……32
一個聾人聽聞的謠傳……35
兩個好爭論的人……37
年輕的豬……39
工程師和邏輯學家……44
桑樹裡長出的李樹……46
養魚人和魚鷹……48
跨越沙漠的河流……50
神偷的疑惑……52
烏龜和羚羊賽跑……55
最好的木匠……57
老鼠和公牛……59

Chapter 2 在實踐中，不斷提高自己的能力

學種葡萄的猴子……62
紙上談兵的駕船人……63
白白浪費的時光……64
按圖索驥……65
技藝高超的廚師……67
釣魚高手……69
博士釣魚……71
小獅子學藝……73
捉蟬的學問……75
刺蝟和蜜蜂……76
性情急躁的蟾蜍……77
猴子磨刀……78
烏龜找智慧……79
聰明的猴子……81
令人著迷的琴聲……82
越國人學造車……84
齊國人學彈瑟……86
兩個愛畫畫的孩子……88
難度超高的樂譜……89
抄襲的呈文……91
父親的三條誡命……93

Chapter 3
誠實，就是勇敢的面對

河流和池塘……100
水和火……102
導盲犬和主人……104
一棵彎腰樹……107
過河的蠍子……108
戰馬的遭遇……109
騎師和失控的馬……111
喝酒的猩猩……113
紐約的律師……115
兩個扒手的孩子……116
英雄和獨木橋……118
獨特的考試方式……120
披著孔雀羽毛的烏鴉……122
博學多識的人……123
小酒店……124
意外的結果……125
敢跳舞的誠實人……127
財產繼承者……129
尤里西斯的夥伴……131
砂鍋和鐵鍋……134
楊樹和葡萄藤……135
被農夫抓住的鴇……136
一群鸕鶿和一位漁夫……137
畫家和神父……138

Chapter 4 不爭的人，才能看清事實

懶惰的年輕人……140
小豹……141
喜歡發怒的鬥牛……142
喜歡吹牛的異鄉人……143
青蛙和老鼠……144
偽裝成牧羊人的狼……145
以狼為師的狐狸……146
藏在岩石下面的螃蟹……148
孤芳自賞的旋花……149
高山上的一團雪……151
兩塊爛布片……153
猴子和兔子的習慣……155
隨聲附和的人……156
用於警惕的器皿……157
與眾不同的紳士……159
旅途中的南方人……161
一對夫婦的選擇……163
蚊子與獅子……165
兩邊扯謊的蝙蝠……166
固執的艦長……167
聰明的狐狸……169
孵蛋的祕訣……170
喝清水的驢……172

Chapter 5 當你準備好了，就要充滿自信

掃落葉的比爾……174
圖謀熊皮的年輕人……176
鷺鷥覓食……178
命運多變的商人……179
年輕人和一根針……181
應當感謝的人……183
井龜和海龜……184
一根釘子……186
國王和聰明的漁夫……187
道士和客人……189
路人和一塊石頭……191
一片田地……193
三個旅行者……195
喜鵲的「安樂窩」……197
磚頭和石頭……199
書生和他的三個夢……201
小公主的病……203
一則新聞……206
畫家和他的一幅畫……208
一隻毛蟲……209
臥室裡的鱷魚……211
講故事的人……213
猴子和老虎……214
挑水之道……216
年輕詩人和老鐘錶匠……218
最珍貴的禮物……220
看到了什麼……222
心急的鬣狗……223

Chapter 6 要戰勝誘惑，需要更多勇氣

老鼠和飛來的口福……226
兩把寶劍……227
金鳥和銀鳥……228
鞋匠和一百塊錢……230
樵夫和有魔力的罐子……232
遭遇強盜的兩匹騾子……234
乞丐和命運女神……235
兩個撿到金子的人……237
守財奴和遺失的金塊……241
偷吃的猴子……242
受傷的小狗……243
走私客……245
妙高禪師的修行……246
貧窮……248
蟲子的悲劇……250
無私……251
盡自己的力量……253

用腦袋思考

你不能總把希望
寄託在好運上

Living without an aim is like sailing without a comp

Chapter 1

善用頭腦思索問題，做出正確抉擇

Beware beginnin

狐狸、狼和騾子

有一天，狐狸在樹林裡閒晃，遇到了一頭騾子。因為牠從沒見過騾子，所以非常害怕便逃走了。半路上，牠遇到了一隻狼。牠告訴狼自己看見了一種新動物，但是不知道是什麼。

「我們去看看牠吧。」狼說。

於是牠們就去了，兩者都發現這動物很特別。

狐狸問騾子叫什麼，騾子回答說：「我不記得了，不過如果你能識字，那麼在我右邊的後腿上有寫著。」

「啊，親愛的，」狐狸說，「我不識字，不過我很想知道。」

「讓我試試吧，」狼說，「識字這種本領我懂得一些。」

於是騾子抬起了右邊的後腿，那釘在掌上的釘子看起來很像字母。

「我看不出來是什麼字。」狼說。

「走近一點兒看吧。」騾子說。

「字很小。」於是狼蹲下來儘量靠近了看。騾子便抬起蹄子使勁踢了牠一下，踢得狼倒在地上，死了。

「就連識字的也不見得多機靈。」狐狸這樣說著，趕快跑了。

知識不等於能力。要想成功地生活，僅僅認識幾個字是不夠的，還必須要懂得處世的學問，知道怎樣與人相處，如何保護自己。

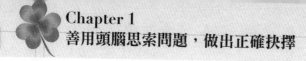

想飛的小狐狸

一隻小狐狸經常抬頭觀看鳥兒們在空中飛來飛去，像風一樣快。

「爸爸，」有一天牠對老狐狸說，「爸爸，我想飛。」

「你這個小夢想家，」老狐狸說，「這算什麼話？」

「爸爸，我想飛，」小狐狸又說。

「你這個蠢東西，」老狐狸說，「你尾巴上的毛還沒有長齊，都擦不了一塊黑板，還想要飛！你到哪裡弄翅膀去？」

「爸爸，我想飛，」小狐狸說，「別因為擔心我沒翅膀，我會想辦法做出來的。」

於是，小狐狸用母雞的羽毛為自己做了一對翅膀，然後牠爬上了一座高塔，從最高點滑翔而下。然而，牠的飛行運氣不佳，還非常倒楣：窗戶下面一個鐵皮匠正擺著他的尖硬貨物在叫賣。

這位飛行家摔在貨物上，摔得身上到處都是傷。

「你看，小傢伙，」老狐狸問，「你的飛行怎樣了？」

「飛行嘛，」小狐狸回答，「的確還不錯，爸爸，但是著陸時——真是見鬼了！」

「你這是自作自受！」老狐狸說，「你為什麼要輕視老人的忠告？牠們跟你一樣聰明！」

小狐狸低著頭，一拐一拐地走進了樹林。

俗話說：「不聽老人言，吃虧在眼前。」人生的閱歷需要不斷地累積，但是，如果我們注重學習和借鑒別人的間接經驗，就能夠少走很多彎路，避免很多挫折。

古怪的外套

特利施卡發現外套袖管的肘部磨破了：「沒事，那不費什麼時間。幾根線，一根針，一縫就成了！」

他把袖管截下四分之一，補在肘部。

外套跟新的一模一樣，只是袖管短了四分之一。

「就是短了點，穿著又何妨呢？」

可是，街上的人見了都嘲笑他。

「嘿，我又不是傻瓜，」特利施卡說道，「我會把袖子拼得比原來還要長！」

他把衣服下擺截下來，補好了袖管，雖然他穿了件古怪的外套，可是特利施卡卻得意洋洋。

很多人一開始就搞砸了事情，卻往往堅持錯誤的方向不肯悔改，這種「拆了東牆補西牆」的做法不但於事無補，還會給自己增加新的麻煩。

南岐人和大脖子病

南岐坐落在陝西、四川一帶的山谷中。那裡的居民很少跟山外人交往。南岐的水很甜，但是缺碘，常年飲用這種水就會得大脖子病。南岐的居民沒有一個脖子不大的。

有一天，從山外來了一個人，這轟動了南岐。

居民們扶老攜幼都來圍觀。他們看著看著，就對外地人的脖子議論開了：

「唉呀大嬸，妳看那個人的脖子。」

「二嫂，真怪呀，他的脖子怎麼那麼細那麼長，難看死了！」

「乾乾巴巴的，他的脖子肯定是得了什麼病。」

「這麼細的脖子，走到大街上，該有多醜！怎麼不用塊圍巾裹起來呢？」

外地人聽了，就笑著說：「你們的脖子才有病呢，那叫大脖子病！你們有病不治，反而來譏笑我的脖子，真是笑死人了！」

南岐人說：「我們全村人都是這樣的脖子，肥肥胖胖的，多好看啊！你掏錢請我們治，我們還不要呢！」

不善於學習和與別人交流，閉關自守、孤陋寡聞會使人眼光短淺；盲目自大者，甚至會黑白混淆、是非顛倒。

一張琴

從前有位製琴技師，名字叫工之僑。一次，他得到一段質地優良的梧桐木，他用這塊木頭精心製作了一張琴，安上弦以後，彈出的琴聲叮咚作響，如行雲流水，又像金玉撞擊，動聽極了。工之僑自認為這是天下最好的一張琴了，就把它獻給朝廷的樂官。

樂官要樂工來鑒定。樂工們一看，都把頭搖得像波浪鼓似的，說：「這張琴不是古琴！」就把琴退還給工之僑。

工之僑回到家裡，請漆匠在琴身上畫了一條條斷裂紋，又請書法家在琴身上刻寫了古字，然後，用匣裝好，把琴埋在土裡。

一年以後，工之僑把琴從地下挖掘出來，打開匣蓋一看，只見琴身上長滿了綠苔和一塊塊黴斑。工之僑便帶著這張琴到市場出賣。

一個闊人用高價買走了，當做珍寶獻給朝廷的樂官。

那些樂工們打開琴匣一看，都把頭點得像雞啄米似的，連聲稱讚說：「好琴，好琴，這是一張道道地地的古琴，真是世上少有的珍寶啊！」

判斷一種東西的價值，不能只看外表，不看實質和功用，否則就可能被虛假的表面所迷惑。

天下無雙的寶馬

有一天，秦穆公對相馬專家伯樂說：「您年歲已經大了，您的親屬中有沒有人能接替您來識別千里馬的呢？」

伯樂回答：「識別一般的好馬，這並不難。只要從體型、外貌、筋肉、骨架這幾個方面就可以辨別出來。最難的是識別天下無雙的千里馬，那要從內在的氣質上分辨，而這種氣質是若隱若現、若有若無的，一般人觀察不到。我那幾個兒子都是庸才，他們只能識別一般的好馬。我有個朋友叫九方皋，靠挑擔賣柴為生，他的相馬本領不在我之下，我願意推薦給君王。」

秦穆公就把九方皋請來，讓他出去尋訪天下無雙的寶馬。

過了三個月，九方皋回來報告：「您要的寶馬已經找到了。」

秦穆公問：「是什麼顏色的馬？公的還是母的？」

九方皋想了一下回答說：「我印象中是一匹黃色的母馬。」

秦穆公聽他回答得不肯定，心中就浮起一團疑雲，便派人去把馬牽回來。去的人回報說：「是一匹黑色的公馬。」

秦穆公很不高興。他把伯樂找來，埋怨他說：「你真糟糕透了！你推薦的那個九方皋連馬匹的顏色是黃是黑，馬匹的性別是公是母都分不清楚，怎麼能稱為相馬專家呢？」

伯樂聽了卻連連讚歎：「了不起啊，真了不起啊！您說的這些情況，正足以證明九方皋的相馬技術比我還高明。他觀察馬，已經能夠排除外部特徵的干擾，集中精力去深入觀察馬的氣質和神韻了。他取其精而忘其粗，重其內而忘其外。他注意的只是他需要觀察的東西，他忽略的正是他不需要觀察的東西。這樣的相馬技術實在是難能可貴啊！」

馬牽來後，經過試騎，果然是一匹天下無雙的千里寶馬。

抓住主要特質，才可能深入把握事物的本質特點，做出準確的判斷。如果在某些非本質的方面投入精力過多，就可能顧此失彼，得出錯誤的結論。

走運的工匠

從前有個工匠，以打製金屬裝飾品為業。這只是一門很普通的手藝，賺的錢不多。工匠常常考慮：怎麼樣才能憑自己的這點本事賺很多很多的錢，不但可以養活家人還可以很快發財呢？

有一次，工匠出門去辦點事，在郊外碰到一大群人正鳴鑼開道、前呼後擁地過來，路上的行人都不准隨便走動。原來這時正遇上皇帝出巡，工匠便和其他人一起站在路邊迎候。

皇帝出來郊遊，正高高興興地四顧欣賞風景，忽然覺得頭上什麼東西不對勁，伸手一摸：糟了，頭上戴的平天冠壞了。

現在離皇宮這麼遠，回去也來不及，這豈不是有損皇帝的威儀嗎？急中生智，他只得叫貼身的侍臣問一下路上的百姓，有沒有會修補平天冠的。

聽了侍臣的問話，工匠馬上從人群裡鑽出來，恭恭敬敬地說：「小人會修。」這到底是自己的本行，工匠很熟練地三下兩下就把平天冠給修好了。

皇帝非常高興，馬上叫左右賞賜給了工匠十分豐厚的財物，比他一年賺的錢還多得多。在回家的路上，工匠要經過一座山。在山裡，他遇到了一隻大老虎，嚇得他轉身就想逃。可是他聽到老虎的叫聲中充滿了痛苦，像是在呻吟，就大著膽子細去瞧了瞧。

只見老虎眼裡都是淚水，躺在地上，伸出爪子給工匠看，原來虎爪上扎了一根大竹刺，鮮血直流。工匠說了句：「這個好辦。」就取出隨身攜帶的工具，不一會兒，就把竹刺給拔出來了。

老虎用嘴扯了扯工匠的衣角，示意他不要走開，就跑不見了。不一會兒，老虎回來了，牠銜來一頭鹿放在工匠面前，好像是要作為給他的酬謝。工匠高興地收下了。

回到家裡，工匠趕緊叫來妻子說：「我們要發財了，我有兩個技術，可以馬上致富。」說完他將大門上那塊「打製金屬裝飾品」的牌子取下，換上一塊「專修平天冠兼拔虎刺」的牌子掛了上去。

皇帝只有一個，他的平天冠能壞幾次？給老虎拔刺更是偶然中的偶然，這種碰運氣的事，一輩子大概也只能遇到一回，怎麼能作為謀生的手段呢？

不能總是把希望寄託在好運上面。一個人如果想憑僥倖行事，是不可能成功的。

智慧、財富和幸福

掌管智慧、財富、幸福的三神仙，原本是很要好的朋友，有一天，祂們為誰的本事最大而爭吵起來。

幸福說：「當然是我最重要了，如果一個人智慧如海、財富像山，一生卻多災多難沒有一天幸福的日子，那又有什麼意義呢？」

財富說：「反過來說，如果貧窮到連一口飯都沒得吃，光有滿肚子的智慧有什麼用！幸福又在哪裡？當然是我最重要了。」

智慧說：「你們兩個都很重要，但是如果一個人家財萬貫、無難無災，卻是一個沒有智慧的傻子，他就比那些平平凡凡、充滿挫折的人可悲得多，所以，還是智慧最重要。」

祂們各說各有理，一時分不出高下。突然，祂們看見地上有一位農夫在種地，財富就說：「不然我們就拿這個人做實驗，來比一比誰重要吧！」

說完，祂用手指一指農夫的犁，農夫馬上犁到一個大缸，缸裡裝滿了金銀珠寶。突然得到這麼多的財富，農夫嚇傻了，一時迷了心智。

農夫心想：「我突然得到這麼多財寶，回到家親戚朋友一定會質問，左右鄰里一定會懷疑，甚至不認識的人也會來搶奪，為了安全起見，我不如搬到外鄉去居住。」

農夫丟下了他的犁，放棄了土地，一刻不停的帶著那些金銀珠寶逃出家鄉，在一個完全陌生的城鎮定居下來。

意外成為富翁的農夫，生活並不快樂。他既沒有親戚朋友，也沒有愛和關心的對象，每天悶悶地坐著發呆。

這時，幸福說：「你看，財富並沒有讓他生活更好，換我來試試吧！」

祂手指了一指，一位美麗無比的女孩，走過農夫的窗前，這讓坐在黑暗中發呆的農夫跳了起來。他尾隨著少女，一直到少女隱沒在一座大宅。

農夫的心中燃起了幸福的渴望，立刻找了媒人向少女家提親，女方的家長看農夫老實可靠，又有大筆的財富，於是同意了這門親事。

但是，雙方在談論親事的過程中農夫常常發呆，不笑也不太說話，又沒有任何親戚朋友。少女的父親在婚禮的宴席上後悔了，他認為這個人雖然有錢，卻是個傻子，他怎麼能配上我的女兒，不如在夜裡把他殺了，謀奪了他的財產，再找一個聰明的小夥子來當我的女婿。

當他在密謀的時候，財富覺得無計可施了，因為給農夫更多財富只能更加速他的死亡。幸福也毫無辦法，因為對一個有錢的傻子，幸福是掌握在別人手裡的。

祂們一起跑去求智慧救救那個可憐的農夫，智慧同意了，祂的手指了一指，給了農夫雙倍的智慧。

坐在酒席上的農夫眼珠子轉了一轉，突然站了起來，大聲的說話：「親愛的鄉親父老、尊貴的岳父岳母，請大家靜一靜，聽我說幾句話。」

大家抬起頭來看到農夫態度從容優雅，語調誠懇有力，都被震住了。

農夫說：「我第一天看見我的妻子，看到她美麗端莊，有著賢妻良母的氣質就愛上她了。我心想，這麼好氣質的女孩一定是由最好的父母教養出來的，經過這麼多天的觀察，我的岳父岳母果然是最好的人。為了感謝他們教養出這麼好的女兒，我將把大部分的財富送給他們，並且帶著我的新婚妻子返回故鄉。」

在岳父岳母家住了幾天，農夫帶著新婚妻子回到故鄉。因為他很有智慧，所以很快地又擁有許多財富並過著幸福快樂的日子。

一個人應該首先追求智慧。有了智慧，財富和幸福就會接踵而來。

一個裝水的罐子

有一位教授在桌子上放了一個裝水的罐子，然後又從桌子下面拿出一些正好可以從罐口放進罐子裡的「鵝卵石」。

當教授把石塊放完後問他的學生道，「你們說這罐子是不是滿的？」

「是！」所有的學生異口同聲地回答說。

「真的嗎？」教授笑著問，然後再從桌底下拿出一袋碎石子，把碎石子從罐口倒下去，搖一搖，再加一些，「你們說，這罐子現在是不是滿的？」

這回他的學生不敢回答得太快。

最後班上有位學生怯生生地細聲回答道，「也許沒滿。」

「很好！」教授說完後，又從桌下拿出一袋沙子，慢慢地倒進罐子裡，倒完後，再問班上的學生：「現在你們再告訴我，這個罐子是滿的呢？還是沒滿？」

「沒有滿。」全班同學這下學乖了，大家很有信心地回答說。

「好極了！」教授再一次稱讚這些「孺子可教也」的學生們。稱讚完後，教授從桌底下拿出一大瓶水，把水倒在看起來已經被鵝卵石、小碎石、沙子填滿了的罐子。

當這些事都做完之後，教授正色地問他班上的同學：「我們從上面這些事情學到什麼重要的功課？」

班上一陣沉默後，一位學生回答說：「無論我們的工作多忙，行程排得多滿，如果逼一下的話，還是可以多做些事的。」

這位學生回答完後心中很得意地想：「這門課到底講的不就是時間管理嗎！」

教授聽到這樣的回答後，點了點頭，微笑道：「你的答案不錯，但並不是我要告訴你們的重要資訊。」說到這裡，這位教授故意停頓一下，用眼睛向全班同學掃了一遍說：「我想告訴各位最重要的資訊是，如果你不先將大的鵝卵石放進罐子裡去，你也許以後永遠沒機會把它們再放進去了。」

♣ 在很多時候，善於思索比積極肯做更重要。每一天我們都在忙，你是不是把目前對你來說最重要的事情放在了首位呢？

關公和周倉

三國時代，蜀漢的大將關公，曾經降服了一個叫周倉的山賊做他的侍衛。

周倉力大無窮，可惜生性粗心大意，不大用頭腦。

這一天，關公騎馬，周倉步行，兩人來到一棵樹蔭下休息。見樹下有一群螞蟻在爬，關公便對周倉說：「周倉，你打這些螞蟻看看。」

周倉伸出拳頭，用力一搥，地面凹進一塊，螞蟻卻沒事；再用力一搥，手痛得他哇哇大叫，螞蟻還是若無其事。

周倉眼見小小螞蟻都打不死，急得滿面通紅。

關公說：「看我的。」只見他伸出食指，輕輕一揉，螞蟻一下死了好幾隻。

周倉看得目瞪口呆，關公便對他說：「不能光有很大的勇氣和力量，還要懂得運用智慧和謀略，才能做大事、成大器。」

> 做事情若只靠蠻力，而不懂得運用技巧，效果就會大打折扣。想要事情做得好、有效益，就必須善用你的頭腦。

異想天開的懶人

從前，有一個好吃懶做的人，一天到晚除了吃飯就是睡覺，什麼事也不願做。他總是異想天開，一會兒想著要吃這，一會兒又想著要吃那，就是不想費力氣。

一天，他躺在床上忽然想到：要能吃上野兔子做的佳餚該多好呀！他曾聽人說鶻鳥可以捕捉野兔，於是他突然爬了起來，起床出門到市場上去買鶻鳥。

他在街上轉來轉去，不知鶻鳥是什麼模樣。三挑四選竟把一隻鴨子買回家了。

第二天，這個人把鴨子帶到野地裡，等著野兔跑來。

等呀等，果然有野兔子跑過來了。這人立即將鴨子拋出去，要鴨子去抓野兔，可是，這隻鴨子飛不起來，一拋出去牠就撲打著翅膀落在地上了。

這人急了，又抓起鴨子再拋出去，鴨子又重重地摔落到地上。

他接連三、四次把鴨子拋擲出去，但鴨子始終是飛不起來。

這時，只見鴨子摔倒了又從地上站立起來，哀哀地對他說：「我只是個鴨子呀！你殺了我，吃我的肉，這是我應盡的本分。可是你要我去抓兔子，我哪能做得到呢？你為什麼偏偏要把拋擲的苦處強加到我頭上呢？」

但這人卻皺著眉頭說：「你怎麼會是隻鴨子？你是飛得快、善於捕捉野兔的鶻鳥啊。」

鴨子沒辦法，為了讓這個人相信自己的確是隻鴨子，牠伸出自己的腳蹼給他看，說：「你看，這連在一起的腳丫子，看我這笨手笨腳的樣子，會是捕捉野兔的鶻鳥嗎？」

這個人無可奈何地看看鴨子，再看看四周，那隻野兔子早已不知跑到哪裡去了，只好沮喪地返回家去。

思路靈活、敢於嘗試是有必要的，但一定要從實際出發，尊重客觀規律。單憑自己的主觀願望和想像去行事，就容易遭受挫折。

施懷特養鵝

施懷特養了一百隻鵝。有一天，死了二十隻，於是，他跑到牧師那裡，請教怎樣牧鵝。

那位牧師專注地聽完施懷特的敘述，問道：「你是什麼時候放牧的？」

「上午。」

「哎呀，純粹是個不利的時辰，要下午放牧！」

施懷特感謝牧師的勸告，高興地回了家。三天後，他跑到牧師那裡。

「牧師，我又死了二十隻鵝。」

「你是在哪裡放牧的？」

「小河的右岸。」

「哎呀，錯了！要在左岸放牧。」

「非常感謝您對我的幫助，牧師，上帝祝福您。」

過了三天，施懷特再次來到牧師那裡。

「牧師，昨天又死了二十隻鵝。」

「不會吧，我的孩子。你給牠們吃了什麼？」

「餵了玉米，玉米粒。」

牧師坐著深思良久，開始發表見解：

「你做錯了，應該把玉米磨碎餵給鵝吃。」
「萬分感謝，由於您的勸告，上帝會酬謝您。」
第三天，施懷特有點不快地、但又充滿希望地敲著牧師的房門。
「唔，又碰到什麼新問題啦？我的孩子。」牧師得意地問道。
「昨晚又死了二十隻鵝。」
「沒關係，只要充滿信心，常到我這兒來。告訴我，你的鵝在哪裡飲水？」
「當然是在那條小河裡。」
「真是錯了！不能讓牠們飲河水，要給牠們喝井水，這樣才有效。」
「謝謝，牧師。您的智慧總是拯救您的信徒。」
施懷特開著的門進來時，牧師正埋頭讀著書。
「您好，牧師。」施懷特帶著尊敬說道。
「上帝把你召到我這兒。看，甚至現在我都在替你的鵝操心。」
「又死了二十隻鵝，牧師，現在我已經沒有鵝了。」
牧師深思許久後歎息道：「我還有幾個忠告還沒跟你說，可惜啊！」

✤許多人生活和事業的失敗，在於太愛聽從別人的「忠告」。記住：用自己的腦袋思考，才能獲得真正的人生經驗！

三代人和火腿

奇利的媽媽叫他到商店買火腿。

他買完後，媽媽問他：「奇利，你為什麼不叫肉販把火腿末端切下來？」

奇利奇怪地問媽媽：「為什麼要把末端切下來？」

媽媽說：「你外婆就是這麼做的，這就是理由。」

這時，奇利的外婆正好來訪。

奇利就問她：「外婆，為什麼您總是切下火腿的末端？」

外婆回答說：「我母親也是這樣，我也就跟著學。」

好奇的奇利決定拜訪外祖母，好解決這三代的神祕之謎。

外祖母笑著說：「我之所以切下末端，是因為當時的烤爐太小，無法放進整隻火腿。」

想問題、辦事情，一定要多思索，勤動腦，多問幾個為什麼，千萬不能人云亦云，隨波逐流。

有預知危險本領的老鼠

有個人養了幾隻老鼠，這幾隻老鼠特別聰明，猶如精靈一般。他每天餵給老鼠美味的食物，並且精心地給牠們擦洗身子。老鼠一病，他就異常擔心，甚至超過了對自己的關心，老鼠跟他也非常親密。

天晴時，他們在院子裡愉快地玩耍，下雨天，就在家裡捉迷藏。他們還經常一起去旅行。

他感到跟老鼠生活在一起非常快樂，但這並不是他喜歡老鼠的主要原因。他常常撫摸著老鼠的脊背，口中嘟囔：「如果沒有你們，不知道我會遇到多少災難呢。」

原來，老鼠有預知危險的本領。他正是注意利用了這一點，並且深入研究，發揮了作用。

很久以前的一天，老鼠突然都從家裡逃走了。他弄不清是怎麼回事，也就沒命地在後面追。朋友們也緊緊跟著他。這時，大地震發生了。真是幸運，因為是在外面，所以他倖免於難。要是待在家裡，肯定會被壓在建築物下。即使不死，也會受重傷。

還有一次，在他外出要上船的時候，老鼠在他的提袋裡騷動起來，他立即停下腳步，老鼠隨之也安靜下來。結果，出航的船遇上了風暴，沉沒在大海裡。

他像這樣託老鼠的福而倖免於難的事還有好幾回。他想到這些，對老鼠說：「不管怎樣，這是一個多災多難的世界，今後可要多多關照啊！」

他餵食給牠們吃，這時，吃食的老鼠顯得惶恐不安。這是危險的預兆。

「啊？將要發生什麼事？是火災？還是水災？不管它，趕快搬家吧。」

由於事出突然，他也就顧不得價錢的貴賤，胡亂賣掉房子，匆忙搬走了。當然，受些損失也是沒辦法的，要是遲疑，碰上災難豈不更糟！

喬遷新居後，老鼠恢復了常態。他稍事休息，就想弄清自己搬走後舊居到底發生了什麼災難。於是，他打了電話到舊居，「喂，喂，我是以前的老住戶，想打聽一下……」

「什麼事？忘了什麼東西？」

「不是，我是想知道在我搬走後，您那裡有什麼變化？」

「唔，好像沒有。」

「不會的，請您仔細想一下。」

「要說嘛，就是您走後不久，住您隔壁的人也搬走了，就這樣。」

「是嗎！新搬來的是什麼人？一定是位可怕的人物。」

他熱心地問。他想，災難這時恐怕已降臨到隔壁，自己要是不搬，無疑會被捲入事變中。

但是，對方的回答很讓他意外：「不，是位很和善的人。」

「真的嗎？」

「是的，但是他非常愛貓，養了很多隻，所以……」

☘ 生活中的問題是非常複雜的，在分析問題、解決問題的時候，一定要進行深入的調查研究，千萬不要被事物表面的現象所迷惑，犯想當然的錯誤。

一個聾人聽聞的謠傳

春秋時代的宋國，地處中原腹地，缺少江河湖澤，而且乾旱少雨，農民種植的作物，主要靠井水澆灌。

當時有一戶姓丁的農家，種了一些旱地。因為他家的地裡沒有水井，澆起地來全靠馬拉驢馱，從很遠的河汊取水，所以經常要派一個人住在用茅草搭的窩棚裡，一天到晚專門做著這種提水、運水和澆地的農活。

日子一久，凡是在這家住過莊稼地、成天取水澆地的人都感到有些勞累和厭倦。丁氏與家人商議之後，決定挖一口水井來解決這個困擾他們多年的灌溉難題。雖然只是開挖一口十多公尺深、直徑不到一公尺的水井，但是在地下掘土、取土和進行井壁加固並不是一件容易的事。

丁氏一家人起早摸黑，辛辛苦苦工作了半個多月才把水井挖成。第一次取水的那一天，丁氏家的人像過節一樣。

當丁氏從井裡提起第一桶水時，他全家人歡天喜地，高興得合不攏嘴。從此以後，他們家再也用不著總是派一個人風餐露宿、為運水澆地而勞苦奔波了。

丁氏逢人便說：「我家裡挖了一口井，還得了一個人哩！」

村裡的人聽了丁氏的話以後，有向他道喜的，也有因無關其痛癢並不在意的。

然而誰也沒有留意是誰把丁氏挖井的事掐頭去尾地傳了出去，說：「丁家在打井的時候從地底下挖出了一個人！」以致一個小小的宋國被這聳人聽聞的謠傳搞得沸沸揚揚，連宋王也被驚動了。

宋王想：「假如真是從地底下挖出來了一個活人，那不是神仙便是妖精。非打聽個水落石出才行。」為了查明事實真相，宋王特地派人去問丁氏。

丁氏回答說：「我家挖的那口井給澆地帶來了很大方便。過去總要派一個人常年在外專門做農田灌溉，現在可以不用了，從此家裡多了一個幹活的人手，但這個人並不是從井裡挖出來的。」

> 傳遞資訊或收集資料的時候，要對有關情況進行認真核實和仔細的分析，努力弄清真相。絕不能道聽塗說，輕信流言，以至被別有用心的人所利用。

兩個好爭論的人

甲和乙總愛在一起爭論，為了一點小事情他們常常爭得面紅耳赤。加上這兩個人都喜歡擺一點小聰明死鑽牛角尖，總是誰也說服不了誰。

一天，甲問乙：「用銅鑄成鐘，用木頭做成棒捶來敲打銅鐘，鐘就會發出洪亮的聲音。你說這聲響是由木頭引起的呢，還是由銅引起的呢？」

乙想了想說：「這還用問嗎？當然是由銅引起的。」

甲說：「何以見得是銅引起的呢？」

乙說：「如果用木槌去敲打牆壁，就不會有這鏗鏘的聲響。敲打銅鐘就發出這洪亮的聲響，可見這聲響是由銅發出的。」

甲不同意乙的看法，他說：「我看不是銅引起的聲響。」

乙問道：「那你又憑什麼說不是銅引起的呢？」

甲說：「你看，如果用這木槌去敲堆積著的銅錢，就聽不到什麼聲響。這銅錢不也是銅嗎？它怎麼就不發出聲響呢？」

乙反駁說：「那些銅錢堆積在一起，是實心的，當然沒有聲響。鐘是空的，這聲音是從空心的器具中發出的。」

甲又不同意乙的說法，甲說：「如果用泥或木頭做成鐘，就不會發出聲音來。你還能說聲音是從空心的器具中發出來的嗎？」

甲和乙就這樣沒完沒了地爭個不休，到底聲音是從哪裡發出來的，他們終究也沒理出個頭緒來。

♣

許多現象是相互聯繫、相互影響、相互制約的，只有全面地看問題，進行綜合的分析和研究，才能夠找出正確解決問題的辦法；如果我們只抓住一點，孤立片面地看問題，並進行簡單類比，那只能引出荒唐可笑的結論來。

年輕的豬

「當豬是最幸福的。」一隻豬優雅地吃了一口飼料，對另一隻豬說。

那隻豬很年輕，年輕到剛好會用腦子想問題，牠也吃了一口飼料，沒那麼優雅，問：「為什麼，前輩？」

「你想啊，我們從生下來到長大，享受著超一流的福利；住有空調的房子，吃有營養的食物，喝乾淨的自來水，髒了有人給我們打掃房間，病了有人給我們看病；我簡直想像不出來還有什麼別的動物能享受到這樣的福利，我們唯一要做的是什麼呢？是享受，盡情地享受，吃得飽飽的，睡得足足的，長得胖胖的，什麼也不用幹，什麼也不用想，你說，這不是很幸福嗎？」

年輕的豬點了點頭：「前輩說的沒錯，可不就是這樣嗎。」牠說，「我真的什麼也不用想，什麼也不用做，只要吃，睡，長胖就行了。」

「真的，你真的什麼也不用做，甚至你不用動一動，如果不是因為健康的需要，你完全可以整天躺著不動。當然，現在豬們都已經到了這樣一種境界，那就是，你運動是為了長胖，換句話說就是為了健康。我們豬，沒有狗那麼靈活，沒有牛那麼有力氣，沒有馬那麼跑得快，我們和牠們的唯一區別，就是比牠們能長肉，所以我們健康的標誌就是要長胖，就像狗要靈活，牛要有力氣，馬要跑得快一樣，我們要長胖，盡力地長。」

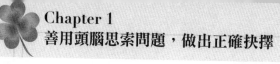

年輕的豬歡呼起來，真是一個豬的幸福世界。

一個月後，那隻年長的豬，發現年輕的豬正在消瘦下去，牠很驚訝。因為在豬的幸福世界裡要是有一隻豬居然瘦下去，那是最最嚴重的問題。

牠覺得自己有責任去過問這件事情，於是牠就問：「怎麼啦？你最近怎麼比以前瘦了，這是多麼不可思議的一件事呀。」

年輕的豬發愁地看了牠一眼，說：「我正在想，如果我們只是吃飯，睡覺，長胖，那我們活著幹什麼？我們不能娛樂，不能工作，更要命的是，我們不能想問題；因為沒有任何問題可以供我們去想，那我們生活的目的是什麼呢？」

年長的豬嚇了一跳，牠居然要想問題，也就是要思考了，這對豬來說，簡直就是不可思議的事情，牠很憂慮地看了看年輕的豬，牠覺得自己有必要打消牠這些荒唐的念頭。

「你看。」牠若有所思地說，「我們的祖先，也就是野豬，牠們生活在森林裡，可以到處跑，可以想任何問題，可以做自己想做的任何事，但牠們營養不良，經常好幾天吃不到一頓飽飯，而且牠們面臨諸多危險，被其他野獸吃掉，生病得不到醫治。住在野外，雖然牠們比我們自由得多，可是牠們的壽命比我們短得多，牠們非常瘦，對於豬來說，瘦就是不健康，牠們非常的不健康。」

「可是……」

「可是，牠們可以思考，對不對？思考是多麼笨又是多麼無奈的一件事啊。你想，思考是為了什麼？是為了過好日子，也就是說，只有過不上好日子的豬才會去思考，你過的難道不是好日子？那你思考幹什麼？思考是為了改變，你想改變嗎？」

「我……」

「思考對於豬來說是很可怕的，因為思考要費精力，也就是說要耗費你的身體，你會因為思考而變瘦，這對豬來說，不是一種健康的生活。思考是為了拯救，可是你看看，包括你在內，這個養豬場裡所有的豬，有誰是需要被拯救的？思考是為了追求，可是你還有什麼可以追求的？你的一切，從搖籃到墳墓。都被安排得好好的。思考是為了下一代，可是你的下一代和你一樣，也將過上幸福的生活。你的舉動是很危險的。我們豬，被人養在這裡，吃，住，生活，都被照料得非常好，我們應該感激人。是他們使我們從野外住到了屋子裡，從到處奔波到有了一個安定的家，從食不果腹到你想吃多少就吃多少。你現在幾乎找不到任何可以抱怨的事情，你沒有思考的理由，那你為什麼要去想問題呢？」

年輕的豬茫然地看著牠，點頭說：「是呀，我為什麼還要想問題呢？」

「我們現在唯一要做的，是回報於人，因為是人使我們如此幸福，他們需要我們做什麼呢？需要我們長胖，需要我們健康，這是多麼善良而充滿愛心的一種希望啊。」

年輕的豬疑惑地說：「我們長胖，對他們有什麼好處呢？」

年長的豬聽牠居然問出這樣的話，不由得驚駭，乃至於憤怒了，牠生氣地說：「你為什麼總想著要有什麼目的？就像我問你，你現在活著的目的是什麼？你說得出嗎？人，是比我們更高級的動物，連我們都能過如此幸福的生活，他們還用得著說嗎？他們現在已經沒有了為自己的目的，他們要為這個地球上所有的生物提供優良的生活，不但是我們，

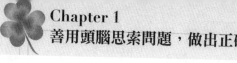

甚至還有那些蔬菜，連那些蔬菜都被養在溫室裡。這是多麼偉大的心胸，我們應該做什麼？我們應該讓他們的這些種種心血不白費，應該長得盡可能的胖，來回報他們，笨蛋。」

年輕的豬終於明白了，牠們是被一群高尚的人養活著，這些人對牠們無欲無求，只想看見牠們幸福地生活，這真是像神話一樣美妙的世界。於是牠停止了思考，只顧吃飽，睡足，長胖。

半年後，牠已經長得非常胖，胖得連走路都非常困難。牠的大腦嚴重地退化，已經不再會想任何問題，甚至也不能說話了。人見了牠的樣子，非常滿意，於是餵給牠盡可能多的食物，牠進一步長胖了。

終於有一天，來了一群人，他們用繩子把牠捆住，裝上了車，準備拉出去。

這時，年長的豬徘徊在牠身邊，牠還是和以前一樣瘦，牠嘲笑地對年輕的豬說：「傻小子，你上當了，你就要被拉到屠宰場去了。哎呀，豬就是豬，真傻。你居然會相信我說的那些鬼話。

人，是世界上最高級的動物，也是最自私的動物。現在我可以對你說，世界上沒有白吃的午餐，這是人說的，我們豬可說不出這樣的話。你吃了這麼長時間免費的食物，你知道你需要付出代價嗎？我們沒有錢，就要付出生命，付出被他們養肥的全身。這個世界上根本沒有愛心，更沒有偉大的心胸，只有利益，難道不是這樣嗎？只有傻到像豬一樣的動物，才會相信那些高尚的鬼話。你聽說過人的邏輯嗎？他們管一切事情都叫投資，懂了嗎？笨蛋，我們是他們投資的對象。投資就是用最小的代價得到最大的利益。

人的一切行為都是以此為標準的，千萬不能相信其中有什麼超乎這種邏輯的東西。嘖嘖，你看我多善良呀，對你說這些事，本來我是不肯對任何豬說的，可是對你是個例外，因為你曾經是一隻企圖思考的豬。可惜的是你現在已經不會思考了，完全不會，真可惜。」

年輕的豬沉默不語，牠真的已經不會思考了，即便真相擺在牠面前，牠也已經不會思考了。

「真可惜啊，」年長的豬繼續說，「我真是一隻聰明絕頂的豬，我居然揣摩到了人的想法，你看看我，一點兒都不胖，非常瘦，是所有豬裡最不健康的，但我卻因此能一直活下來，多不容易呀。這都是因為我的聰明，因為我會思考。我真是豬裡的天才，我本來想找一個伴的，那個伴就是你，可是這很危險，非常危險，因為你一旦會思考了，你會和我一樣地不健康，你會教會其他的豬思考，讓牠們也一樣地不健康，這對我來說太危險了，所以我也學會了人的自私，這是多麼無可奈何的一件事呀。」

年輕的豬依然沉默，牠早就失去了思考的能力，所以壓根兒不明白這是怎麼一回事。

> ☘ 缺乏自信心、盲從他人，往往給自己帶來損失或傷害；而要想在生活中、事業上有所成就，就必須擺脫盲從眾人的不良習慣，要善於用自己的頭腦思索問題，做出人生的抉擇。

工程師和邏輯學家

美國有一位工程師和一位邏輯學家，兩人是無話不談的好友。一次，兩人相約赴埃及參觀著名的金字塔。

到埃及後，有一天，邏輯學家住進賓館後，仍然習以為常地寫起自己的旅行日記。工程師則獨自徜徉在街頭，忽然耳邊傳來一位老婦人的叫賣聲：「賣貓啊，賣貓啊！」

工程師一看，在老婦人身旁放著一隻黑色的玩具貓，標價五百美元。這位老婦人解釋說，這隻玩具貓是祖傳寶物，因孫子病重，不得已才出賣以換取住院治療費。工程師用手一舉貓，發現貓身很重，看起來似乎是用黑鐵鑄就的。不過，那一對貓眼則是珍珠的。於是，工程師就對那位老婦人說：「我給你三百美元，只買下兩隻貓眼吧！」

老婦人一算，覺得行，就同意了。工程師高高興興地回到了賓館，對邏輯學家說：「我只花了三百美元竟然買下兩顆碩大的珍珠！」

邏輯學家一看這兩顆大珍珠，少說也值上千美元，忙問朋友是怎麼一回事。當工程師講完緣由，邏輯學家忙問：「那位老婦人是否還在原處？」

工程師回答說：「她還坐在那裡。想賣掉那隻沒有眼珠的黑鐵貓！」

邏輯學家聽後，忙跑到街上，給了老婦人兩百美元把貓買了回來。

工程師見後，嘲笑道：「你竟然花兩百美元買個沒眼珠的鐵貓！」

邏輯學家不發一語地坐下來擺弄琢磨這隻鐵貓，突然，他靈機一動，用小刀刮鐵貓的腳。當黑漆脫落後，露出的是黃燦燦的一道金色的印跡，他高興地大叫起來：「正如我所想，這貓是純金的！」

原來，當年鑄造這隻金貓的主人，怕金身暴露，便自作主張將貓身用黑漆塗上，儼然成了一隻鐵貓。

對此，工程師十分後悔。此時，邏輯學家轉過來對他說：「你雖然知識很淵博，但就是缺乏一種思維的藝術，分析和判斷事情不全面、不深入。你應該好好想一想，貓的眼珠既然是珍珠做成，那貓的全身會是不值錢的黑鐵所鑄嗎？」

「要想在事業上有所成就，將以有無創造性思維的力量來論成敗。」成功的人士都能認清成功的方向，掌握成功的方法，善於發現成功的「竅門」，他們有著與眾不同的「心計」，常常獨具匠心、別出心裁、另闢蹊徑，進而實現獨創性的成功。

桑樹裡長出的李樹

從前，有一個人出門，帶了一些李子路上吃。

他一路走一路津津有味地嚼著李子，一會兒就吃完了，只剩下幾個李子核。

把李子核扔到哪裡去呢？這人一抬頭，見旁邊幾步遠的地方有一棵桑樹，不知道什麼原因，樹幹上有一個大洞，裡面已經空了，於是他就把果核扔進去，又弄來些泥土填進樹洞將李子核種上。他這樣做，倒也不是為了種出李子來，只是一時好玩罷了，沒有當成一回事。日子一長，他也慢慢地把這回事給忘了。

再說那被種下的李子核，下雨時便得到雨水的滋潤，在樹上棲息的鳥兒拉的糞便成了天然的肥料，時間長了，竟真的發出芽來，長成了一棵李樹。

有人見到桑樹裡長出了李樹，覺得很神奇，就把這怪事告訴了周圍的人。

有個害眼病的人聽說了，認為這棵李樹可能是一棵神樹，就拄著拐杖探索著來到李樹下，向它許願說：「李樹啊，您如果能保佑我的眼疾消除，我就獻給您一頭小豬。」他一說完，就覺得眼睛疼得沒那麼厲害了。

又過了些天，他的眼睛竟慢慢變好了。他高興極了，逢人就說桑樹裡長出的那棵李樹治好了他的眼睛，那是一棵神樹，然後又準備了小豬，叫人敲鑼打鼓地抬到李樹下去還願。

附近的人都來看熱鬧，就這樣，「神樹」的事一傳十、十傳百，並且越傳越神：「那棵李樹能讓盲人重見光明呢！」「那棵李樹可以醫好百病呢……」

人們都帶著祭品慕名而來，祭拜這棵「神樹」，希望它保佑自己。

過了一年多，當年那個種李樹的人又經過這裡，聽說了「神樹」的事，又見到大家爭相祭拜它的盛況，就到樹邊去看個究竟。

這一看他不禁啞然失笑：「這棵樹是我一年前種下的呀，有什麼神奇的呢？」

♣ 當遇到奇異的現象時，不要盲從輕信，要以冷靜的頭腦仔細分析推測，做出科學的解釋。

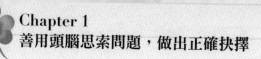

養魚人和魚鷹

一個人有一片魚塘，他每年都要靠這片魚塘賺些錢，來養活自己和家人。可是魚塘附近有好多魚鷹，常常一群群地來抓魚吃，趕也不好趕，抓又抓不住，養魚人為此很煩惱。

有一天，魚鷹又來吃魚，養魚人跑過去對牠們揮揮手，魚鷹便受驚跑開了。養魚人忽然靈機一動，想出個好辦法。他紮了一個稻草人，讓它伸開兩臂，穿著蓑衣，戴著斗笠，還拿了一根竹竿，就像一個養魚人的樣子。

養魚人把稻草人插在魚塘裡嚇唬魚鷹。起初，魚鷹以為是真人，因此很害怕，只敢在草人的上空盤旋，一點都不敢接近它。

這樣過了幾天，魚鷹果然沒再來吃魚。

可是漸漸地，牠們見魚塘裡的人總是一動不動，就起了疑心，不斷地大著膽子飛下來看。這樣一來，牠們很快就發現這是個假人了，就又飛下來啄魚吃。魚鷹吃了一條條的魚，肚子吃飽了，就站在草人的斗笠上，邊曬太陽邊休息，很悠閒，還不停地發出叫聲，好像是在嘲笑養魚人說：「假的，假的，這個人是假的啊！」

養魚人生氣極了，他恨恨地盯著得意洋洋的魚鷹，良久，他忽然心生一計。趁著魚鷹不在的時候，養魚人悄悄把稻草人從魚塘裡拔出來拿走了，自己披上蓑衣，戴上斗笠，手裡拿根竹竿，像稻草人一樣伸開雙臂站在魚塘裡面。

過了一會兒，魚鷹又來了，牠們以為魚塘裡還是原先的假人，就又放心大膽地下來吃魚。

吃得飽飽的，魚鷹又飛到養魚人的斗笠上休息叫喚著。養魚人趁著牠不注意，一伸手就抓住了魚鷹的爪子。魚鷹使勁地鼓動著翅膀，可是怎麼也掙脫不掉。

養魚人笑呵呵地說：「原先是假的，可是這一回是真的啊！」

「辦法總比難題多。」思路靈活的人，總能夠找到問題的薄弱環節，採取有效措施，一舉徹底解決問題。

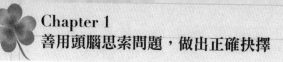

跨越沙漠的河流

有一條河流從遙遠的高山上流下來，經過了很多個村莊與森林，最後它來到了一個沙漠。

它想：「我已經越過了重重的障礙，這次應該也可以越過這個沙漠吧！」

當它決定越過這個沙漠的時候，它發現它的河水漸漸消失在泥沙當中，它試了一次又一次，總是徒勞無功，於是它灰心了：「也許這就是我的命運了，我永遠也到不了傳說中那個浩瀚的大海。」它頹喪地自言自語。

這時候，四周響起了一陣低沉的聲音：「如果微風可以跨越沙漠，那麼河流也可以。」原來這是沙漠發出的聲音。

小河流很不服氣地回答說：「那是因為微風可以飛過沙漠，可是我卻不行。」

「因為你堅持你原來的樣子，所以你永遠無法跨越這個沙漠。你必須讓微風帶著你飛過這個沙漠，到你的目的地。你只要願意放棄你現在的樣子，讓自己蒸發到微風中。」沙漠用它低沉的聲音這麼說。

小河流從來不知道有這樣的事情，「放棄我現在的樣子，然後消失在微風中？不！不！」小河流無法接受這樣的概念，畢竟它從未有這樣的經驗，叫它放棄自己現在的樣子，那樣不等於是自我毀滅了嗎？「我怎麼知道這是真的？」小河流這麼問。

「微風可以把水汽包含在它之中，然後飄過沙漠，到了適當的地點，它就把這些水汽釋放出來，於是就變成了雨水。然後這些雨水又會形成河流，繼續向前進。」沙漠很有耐心地回答。

「那我還是原來的河流嗎？」小河流問。

「可以說是，也可以說不是。」沙漠回答。「不管你是一條河流或是看不見的水蒸氣，你內在的本質從來沒有改變？你會堅持你是一條河流，因為你從來不知道自己內在的本質。」

此時小河流的心中，隱隱約約地想起了似乎自己在變成河流之前，似乎也是由微風帶著自己，飛到內陸某座高山的半山腰，然後變成雨水落下，才變成今日的河流。於是小河流終於鼓起勇氣，投入微風張開的雙臂，消失在微風之中，讓微風帶著它，奔向它生命中的歸宿。

我們的生命歷程往往也像小河流一樣，想要跨越生命中的障礙，達成某種程度的突破，往理想中的目標邁進，也需要有「放下自我（執著）」的智慧與勇氣，邁向未知的領域。當環境無法改變的時候，你不妨試著改變自己。

為了達成目的，有時我們要懂得變通，懂得順應潮流，才能找到一條生存之道。學會轉換思維，靈活地跨越生命中的障礙對一個人的發展是非常重要的。

神偷的疑惑

清朝乾隆年間，京城出現了一個專偷皇宮寶物的神偷。他來無影，去無蹤，縱使紫禁城內牆高池深，戒備森嚴，但是他都不放在眼裡，依舊來去自如。

只不過皇宮內大大小小的瑣事何等繁雜，出現一名小偷而已，倒也沒有驚動到高高在上的皇帝。直到有一天，乾隆皇帝發現放在御書房的玉璽竟然不翼而飛，勃然大怒，命令紫禁城內外作地毯式的搜索。

妙就妙在這裡，玉璽居然在三天後又神不知鬼不覺地出現在皇帝的桌上。

這下乾隆慌了，他想：「這神偷在深宮內苑裡這般地來去自如，這次玉璽失竊倒也算了，下次如果他要取我的項上人頭，那不就……」

乾隆越想越恐懼，馬上召見大臣們商討對策。

會議中，眾大臣面面相覷，只見和珅率先打破沉默：「啟奏陛下，臣有一計，定可捉拿此賊。」

乾隆急問：「愛卿有何對策？」

「這需要多管齊下。」和珅稟奏道，「首先，加派三千御林軍嚴守禁城，務求滴水不漏；其次，加強宮內防盜機關，嚴防裡應外合；最後，百姓出入京城，一律接受身分及行李檢查，以防贓物外流。如此一來，此惡賊一定無所遁形，難逃法網。」

乾隆大喜：「很好，就依愛卿所言，馬上去做。」

不料這計策實施了半年，神偷猖獗依舊，接連著幾件寶物被偷不說，京城的百姓也都感到不滿，怨聲載道。

乾隆看看這樣下去實在不是辦法，只得再召開會議討論。

「劉愛卿，你一向足智多謀，這次倒拿點兒主意啊！」乾隆沉不住氣，開門見山地點名劉墉想想辦法。

劉墉駝著背，伸出三根手指頭緩緩地說：「啟奏陛下，依臣愚見，倒可以從三方面下手。一是將紫禁城外增派的御林軍都撤掉；二是將所有寶庫的大鎖通通拿掉。第三呢，就是將存放寶物的箱子全部打開。如此一來，必能手到擒來。」

乾隆聽了大惑不解：「劉愛卿，你是聰明人，怎麼說起這糊塗話來了？」

劉墉眯著眼睛，嘴角浮起一抹微笑：「請陛下試試看，便知成效！」

於是乾隆下令照辦。不出十天，神偷居然就被輕易地捉到了！

原來這位神偷已有三十年偷竊歷史，上千次的成功經驗告訴他，進入目的地後，要先機警地躲過警衛，找到門後迅速開鎖、進入、拿寶物，拿到後迅速往窗外跳。

只要精準地執行這些步驟，即使再嚴守的地方也能順利偷出寶物，可是這次進入目的地後，竟然沒有警衛，也沒有鎖門，進去後只看見箱子打得開開的，門鎖也被拿掉了，在這一連串的猶豫中，浮現了前所未有的疑問、驚慌與恐懼，就在這猶疑的片刻，說時遲那時快，巡邏的衛兵一擁而上，神偷還愣在那兒，口中猶自喃喃念著：「怎麼會這樣呢？

怎麼會這樣呢……」

一個人只有保持靈活的頭腦，敢於突破過去的包袱，掌握新的環境，面對新的課題，迎接新的挑戰，才能不斷地超越自我，在競爭日益激烈的社會中立於不敗之地。

烏龜和羚羊賽跑

有一次，羚羊碰見烏龜，誇耀自己跑得很快，並且問烏龜說：「你會跑嗎？」

「我會跑，」烏龜回答說，「而且比你跑得快！」

羚羊笑了起來：「既然這樣，那我們來比賽一下吧！」

烏龜同意了。

第二天早上，牠們到指定的出發地點去。到了那裡，羚羊說了一聲「開始」，就飛快地跑了，把烏龜遠遠甩在後面。

過了一會兒，羚羊停了下來，高聲地問：「喂，烏龜，你在哪裡啊？」

烏龜回答說：「我在這裡！」

羚羊很驚奇，於是跑得更快了。

牠跑了一會兒，又停下來問：「烏龜，你在哪裡啊？」

牠又聽見烏龜回答說：「我在這裡！」

再往前跑還是這樣，羚羊時常停下來問：「烏龜，你在哪裡啊？」

每一次烏龜總是回答：「我在這裡！」

最後羚羊跑到了指定的終點，可是烏龜已經在那裡等牠了。

「我早就在等你了，」牠說，「我第一個跑到！」

原來，這是烏龜騙了羚羊。

牠在頭一天夜裡把自己所有的親屬召集起來，讓牠們待在羚羊跑的路上的青草裡。羚羊每次停下來喊烏龜，其中的一個就馬上回答牠。

從此以後，人們都說：「要緊的不是跑得快，而是有一個好腦袋。」

打架不一定弱的輸，賽跑不一定快的贏。在很多時候，智慧比體力能夠發揮更大的作用。

最好的木匠

在一個遠方的國度，有兩個非常傑出的木匠，他們的手藝都很好，難以分出高下。

有一天，國王突發奇想：「到底哪一個才是最好的木匠呢？不如我來辦一次比賽，然後封勝者為『全國第一的木匠』。」

於是，國王把兩位木匠找來，為他們舉辦了一次比賽，限時三天，看誰刻的老鼠最逼真，誰就是全國第一的木匠，不但可以得到許多獎品，還可以得到冊封。

在那三天裡，兩個木匠都不眠不休地工作。到了第三天，他們把已刻好的老鼠獻給國王，國王把大臣全部找來，一起當這次比賽的評審。

第一位木匠刻的老鼠栩栩如生、纖毫畢現，甚至連鼠鬚也會抽動。第二位木匠的老鼠則只有老鼠的神態，卻沒有老鼠的形貌，遠看勉強是一隻老鼠，近看則只有三分像。勝負即分，國王和大臣一致認為第一個木匠獲勝。

但第二個木匠當庭抗議，他說：「大王的評審不公平。」

工匠說：「要決定一隻老鼠是不是像老鼠，應該由貓來決定，貓看老鼠的眼光比人還銳利呀！」

國王想想也有道理，就叫人到後宮帶幾隻貓來，讓貓來決定哪一隻老鼠比較逼真。沒有想到，貓一放下來，都不約而同撲向那隻看起來並不十分像的「老鼠」，啃咬、搶奪；

而那隻栩栩如生的老鼠卻完全被冷落了。

事實擺在面前，國王只好把「全國第一」的稱號給了第二個木匠。事後，國王把第二個木匠找來，問他：「你是用什麼方法讓貓也以為你刻的是老鼠呢？」

木匠說：「大王，其實很簡單，我只不過是用魚骨刻了隻老鼠罷了！貓在乎的根本不是像與不像，而是腥味呀！」

人生的競賽往往是這樣，獲勝者往往不是技巧最好的，而是那些最肯動腦筋、最有創意的人。

老鼠和公牛

一隻老鼠給一頭公牛的鼻子上戴了一個鼻牽兒，並因如此大膽而被追趕。

老鼠靈活敏捷，跑得很快。公牛雖然高大強壯，但卻有些笨拙。

老鼠鑽進牆腳下的一個窟窿裡，然後掉過頭來看著公牛。

老鼠知道自己得救了，所以才能這樣大膽。

公牛很生氣，自己居然被一隻小老鼠打敗了。公牛開始頂牆，公牛很有力氣，但是那座牆也很堅固。

公牛直頂得頭痛，但是那牆紋絲不動。最後公牛把腿跪下，累得筋疲力盡。

老鼠就是一直在等待這個機會，牠從窟窿裡衝了出來，又給公牛戴上一個鼻牽兒。

公牛怒吼一聲，站了起來。但是牠的動作太慢了，老鼠又跑回窟窿裡。

公牛吼叫著，跺著蹄子，但是牠毫無其他辦法。

這時，一個又尖又小的聲音從牆的安全地方對牠說：「高大和強壯並不是總會得到優勢的。」

☘要想在競爭中取得勝利，需要依靠力量，更需要智慧。過人的智慧會使外表力量相對弱小的人戰勝強大的對手。「智慧不是天公的恩賜，而是經驗的結晶。」擁有智慧，就擁有了人生的寶藏，因為智慧才是取之不盡用之不竭的可再生資源。

Living without an aim is like sailing without a compa

Chapter 2

在實踐中，不斷提高自己的能力

Beware beginnin

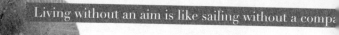

學種葡萄的猴子

猴子很聰明，而且善於模仿人類的動作。猴子想學種葡萄，便走到葡萄園裡。牠見園丁正給葡萄苗澆水，就說：「原來種葡萄需要水，這還不容易！我要給葡萄苗澆更多的水，讓它結更多的葡萄！」於是，牠把一棵葡萄秧子插進河裡，結果葡萄秧被淹死了。

猴子又來到葡萄園裡，牠看見園丁在給葡萄秧施肥料，就說：「哦，原來葡萄需要肥料。我要給葡萄秧施更多的肥料，就能結更多的葡萄！」於是，牠把葡萄秧栽在糞堆上，葡萄秧被又死了。

猴子再次來到葡萄園裡，這時已到了冬天，猴子看見園丁用稻草把葡萄秧包起來埋在地下，就說：「哦：原來我的葡萄秧栽不活，是因為葡萄秧苗害怕寒冷。這次我一定要努力保護，使它免受風霜！」

第二年春天，猴子種上一株葡萄秧，而且學著園丁對葡萄秧越冬的管理技術，用稻草把葡萄秧包得結結實實的埋進地下，沒幾天葡萄秧就悶死了。

學習要真正領悟要旨，把握精髓，千萬不可不求甚解，滿足於瞭解表面的知識。

紙上談兵的駕船人

有一個大頭目的兒子，和一些商人共同到海中去採珠。

大頭目的兒子，對於駕船的方法，讀過很多書，而且記得爛熟，他對大家說：「這一趟，諸位大可放心，我對一切都很在行的。譬如說吧，遇到了礁石或者海水倒流，那時候的確很危險，然而只要把舵這樣地握著，這樣地改正方向，這樣地拿穩，那就沒有事了。這一切的方法，書上都是有記載的，我現在都能背得出來，而且一字不漏。」

大家都相信他，對他敬佩得不得了。於是，他們的船就開到海上去了。

船上原本有一個掌舵的，但不幸在航行的途中生病死了，於是大頭目的兒子就代替了掌舵的職務。

這天，海水突然迴流激轉起來，船正在漩渦裡旋轉。

大家卻只見他嘴裡唸唸有詞地說道：「應當這樣地握著，這樣地改正方向，這樣地拿穩……」實際上卻毫不知道如何才能駛離漩渦。結果，船在原地旋轉了好幾圈後就翻沉了，全船的人也都淹死了。

學以致用是非常重要的。知識本來是解決問題的，如果不能和實踐結合起來，只會紙上談兵，或是使用不當，就會帶給你更多的問題，甚至是災難。

白白浪費的時光

有一次大王有事外出，在路上碰到了一個老人。

大王問：「你幾歲了？」

老人回答：「大王萬歲，我只有四歲。」

大王聽了十分驚訝，說：「你這個老頭，年紀這麼大了還說謊，看樣子你至少都有八十歲了。」

老人回答：「你看得完全沒錯，不過在這八十年裡，我白白浪費了七十六年的光陰。在七十六年的時間裡，我只知道養兒育女和吃喝玩樂，除此以外，我什麼好事也沒做過，也從來沒有幫助過任何一位窮人。最近這四年我才明白，一個人生來不能光為自己，還要為別人服務。我現在正在努力為別人做些好事，所以我說我的年齡只有四歲，是因為以前的時間都白活了。」

大王聽了他的回答，感到非常滿意。

「黑髮不知勤學早，白首方悔讀書遲。」充分利用人生中的大好時光勤奮學習，努力工作，才不枉來世間走一遭。

按圖索驥

伯樂是古代著名的相馬專家。他在鑒別馬匹方面累積了豐富的經驗，還寫了一本《相馬經》。

伯樂的兒子很想學到相馬的本領，他從早到晚捧著《相馬經》念，把它背得滾瓜爛熟。有一天，兒子洋洋自得地說：「父親，您的相馬本領我都學會了。」伯樂聽了微微一笑，說：「很好，那你去找一匹千里馬來讓我鑒定鑒定。」

兒子滿口答應，帶著《相馬經》出門去了，一邊走還一邊背誦著：「千里馬額頭隆起，雙眼突出，四蹄猶如壘起的酒藥餅子。」

他邊走邊找，看見大大小小的動物，都要跟《相馬經》上的標準對照。但是有的只符合一項，有的一項也不符合。

最後，他在池塘邊看見一隻癩蛤蟆，鼓著雙眼，「呱、咕、呱……」叫個不停。他對照《相馬經》端詳了好半天，然後用紙把癩蛤蟆包起來，興沖沖地跑回家來向父親報告：「千里馬可真不好找，您訂的條件太高了。我好不容易在池塘邊找到一匹，額頭和雙眼跟您書上說一模一樣，就是蹄子不像酒藥餅子，在這請您鑒定鑒定。」

伯樂打開紙包一看，不由得苦笑起來：「兒啊，你找到的這匹千里馬，不會跑，光會跳，恐怕你駕馭不了啊！」

前人傳下來的書本知識，應該努力學習，虛心繼承。但是，更要注重實踐，在實踐中切實驗證、牢固掌握，並加以發展，這才是正確的態度。在學習和工作中，如果死背教條，機械地生搬硬套，就可能會招致失敗和損失。

技藝高超的廚師

有一天，梁惠王走進廚房看到一位廚師正在切割一頭已經被宰殺的牛。廚師的動作輕鬆自如，牛刀一進，「啪」的一聲，骨肉就分開了。

梁惠王看了不禁點頭贊許：「好極了，你的技術真是高超！」

廚師回答說：「這是經過多年的琢磨，苦練出來的。剛開始，我看到的是一隻全牛，簡直不知該從哪裡下刀才好。但三年後，在我的眼睛裡就只有牛的骨縫空隙，再也看不到全牛了。現在，我用心神去指揮手的動作。

我順著牛體的組織結構，把刀子插進筋骨之間的縫隙中，自然地進刀。那些不容易切開的地方，比如筋骨與筋肉聚結的地方，我的刀從來不去觸及，更不要說那些大骨頭了。好的廚師，一般是一年換一把刀，因為他們是用刀割肉，刀自然會鈍的；蹩腳的廚師，很多是一個月換一把刀，因為他們是用刀去砍骨頭的。

我現在這把刀，已經用了十九年了，切割的牛少說也有幾千頭，然而刀鋒還像是剛剛磨過那樣鋒利。要知道，牛的骨節之間是有空隙的，刀刃很薄，用薄刀伸進有空隙的骨縫中去，只要掌握得準確，就會感到寬綽，刀子有足夠的活動餘地。

話雖然這麼說，但每次遇到筋骨交錯的地方，我還總是全神貫注，小心翼翼，準確地進刀，然後輕輕一動，牛肉便一下子分解開來，像一攤泥土一樣鋪在地上。每到這種時候，我心裡就特別高興，看著自己的勞動成果像欣賞藝術品一樣，然後再把刀擦拭乾淨，好好地收藏起來。」

梁惠王聽了廚師的這一番話，高興地說：「講得真好！我從中悟出了不少道理。」

學任何知識，做任何事情，都要刻苦鑽研，反復實踐，瞭解事物的本質特性，掌握正確的規律，這樣才會熟能生巧，得心應手，收到事半功倍的效果。

釣魚高手

楚國有位釣魚高手名叫詹何，他的釣魚方式與眾不同。釣魚線只是一根單股的蠶絲繩，釣魚鉤是用如芒的細針彎曲而成，而釣魚竿則是楚地出產的一種細竹。憑著這一套釣具，再用剖成兩半的小米粒作釣餌，用不了多少時間，詹何從湍急的百丈深淵激流之中釣出的魚便能裝滿一輛大車！回頭再去看他的釣具：釣魚線沒有斷，釣魚鉤也沒有直，甚至連釣魚竿也沒有彎！

楚王聽說了詹何竟有如此高超的釣技後，十分稱奇，便派人將他召進宮來，詢問其垂釣的訣竅。

詹何答道：「我聽已經去世的父親說過，楚國過去有個射鳥能手，名叫蒲且子，他只需用拉力很小的弱弓，將繫有細繩的箭矢順著風勢射出去，一箭就能射中兩隻正在高空翱翔的黃鵬鳥。父親說，這是因為他用心專一、用力均勻的結果。於是，我學著用他的這個辦法來釣魚，花了整整五年的時間，終於完全精通了這門技術。

每當我來到河邊持竿釣魚時，總是全身心地只關注釣魚這一件事，其他什麼都不想，全神貫注，排除雜念，在拋出釣魚線、沉下釣魚鉤時，做到手上的用力不輕不重，絲毫不受外界環境的干擾。這樣，魚兒見到我魚鉤上的釣餌，便以為是水中的沉渣和泡沫，所以毫不猶豫地吞食下去。因此，我在釣魚時就能做到以弱制強、以輕取重了。」

♣ 無論做什麼事情，都需要專心致志，一絲不苟，用心去發現和運用其客觀的規律性。只有這樣，才能做到無往不勝，心想事成。

博士釣魚

有一個博士到了一家研究所工作，是所裡學歷最高的一個人。

有一天，他到研究所後面的小池塘去釣魚，正好正、副所長在他的一左一右，也在釣魚。

他只是微微點了點頭，心想這兩個能力比他低，有什麼好聊的？

不一會兒，只見所長放下釣竿，伸伸懶腰，「噔噔噔」從水面上快步如飛地跑到對面上廁所。

博士眼珠子看得都快掉下來了：「水上漂！不會吧？這是個池塘啊。」

正所長上完廁所回來的時候，同樣也是「噔噔噔」地從水上漂了回來。

「怎麼回事？」博士心理疑惑著。

過了一陣子，副所長也站起來，走幾步一樣「飄」過水面上廁所。博士差點昏倒：「不會吧，莫非自己到了一個江湖高手聚集的地方？」

沒多久博士生也內急了。這個池塘兩邊有圍牆，要到對面廁所最少得繞十分鐘的路，而回研究所去上又太遠，怎麼辦？

博士生不願意去問兩位所長，憋了半天後，也起身往水裡跨：「我就不信他們能過的水面，我不能過！」

只聽「咚」的一聲，博士生一頭栽進了水裡。

兩位所長將他拉了出來，問他為什麼要下水。他問：「為什麼你們可以走過去呢？」

兩人相視一笑：「這池塘裡有兩排木樁子，但這兩天下雨，水漲起來把它們淹住了。因為我們都知道木樁的位置所以可以踩著樁子過去，但你怎麼不問一聲呢？」

學歷不等於能力。在實踐中不斷提高自己的能力，虛心向別人學習是一種重要的途徑。

小獅子學藝

獅王有了一個兒子。當小獅子剛滿一歲時，獅王便開始認真考慮牠的教育問題：不能讓兒子愚昧無知，更不能讓牠玷污王室的名聲。於是，獅王開始為小獅子選擇老師。

一開始，牠想把小獅子託付給狐狸。狐狸聰明伶俐；但是，狐狸撒謊的本領天下第一，牠的學問非帝王所需要。

那麼鼴鼠呢？鼴鼠做任何事都非常小心謹慎，親力親為；但是牠目光短淺，拘泥於小節，也不適合。

豹子怎樣呢？豹子勇猛有力，而且是出色的軍事家；不過豹子不懂得政治，牠只會廝殺，不配做王儲老師。即使林中大夥尊敬的大象，獅王還嫌牠不夠聰明……總之，獅王挑遍了牠的手下，都沒能找到一個中意的。

此時，老鷹知道了獅王的煩惱。老鷹是鳥國的國王，跟獅王的關係親密友好，便自告奮勇幫獅王的忙。

獅王如釋重負，王子拜一個國王為師，看起來再好不過了！於是，便把小獅子送去學習了。

一晃兩年過去了，不論問誰，林中的百鳥對小獅子都是讚不絕口。獅王派人把小獅子接回來了，並把所有的臣民全都召集過來。

獅王與小獅子親吻、擁抱，並問牠：「親愛的兒子，你是我唯一的繼承人，我將把百獸交給你治理。你現在來說說這兩年，你都學到了什麼啊？」

小獅子從容不迫地回答道：「親愛的父王，我懂得了很多這裡誰也不懂的事情。從鷹王到鵪鶉，各有其棲息之處，誰有何需求，誰是怎麼孵卵，他們的生活習性我全清楚。你看，這是我的畢業證書，百鳥都誇獎我，如果您把王位傳給我，我立即教大家如何築巢。」

百獸聽了個個垂頭喪氣，個個歎息。獅王這才醒悟過來，原來小獅子學的都是些沒用的東西啊！

學習一定要選擇那些適合自己的內容和方法。如果不顧自身條件，不結合實際，就會誤入歧途，勞而無功，白白浪費大好時光。

捉蟬的學問

大熱天，孔子帶著學生們來到楚國。他們走進一片密林中歇涼。林中蟬聲一片，有一位駝背老人手拿一根頂端塗有樹脂的竹竿在捉蟬。只見他一次黏一隻，百發百中。大家在一旁都看得入迷了。

孔子問老漢：「您捉蟬的本領可真好，這裡面有什麼奧妙嗎？」

老漢笑笑說：「如果一定要說奧妙，當然也是有。蟬是很機靈的，一有動靜，牠就飛走了。因此，先要練到手拿竹竿紋絲不動。練到竹竿頂端能放兩粒彈丸而不會掉下來，捉蟬就有一定的把握了。練到放三粒彈丸而不掉下來，捉十隻蟬頂多逃脫一隻。等練到放五粒彈丸而不掉下來，捉蟬就像伸手撿東西一樣容易了。

手不抖，身軀也不能動。我站著的時候，像紋絲不動的樹幹；手拿竹竿的胳膊，像樹上伸出去的老枝，不顫不搖。捉蟬的時候，我專心致志，天地萬物都無法擾亂我的注意力，眼睛裡看到的只是蟬的翅膀。能夠練到這樣的地步，您還怕捉不到蟬嗎？」

孔子聽了，教育學生說：「聽明白了沒有，只有鍥而不捨、專心致志，才能把本領練到出神入化的地步啊！」

在學習和工作中，為了取得良好效果，就要做到專心致志，勤學苦練，堅持不懈。

刺蝟和蜜蜂

刺蝟和蜜蜂年輕時同在一個著名的學校裡學習，這個學校教授食品、營養等與生活有關的知識。

蜜蜂是一個酷愛學習，勤奮努力的學生。牠每天認真學習各種植物的特點、分類及保存方法的知識；學習如何用這些東西調製食品和蜂蜜；牠還學習了如何與別的蜜蜂在一起生活、合作、防衛等知識。

畢業時牠的成績優良，畢業後牠也沒有遇到什麼困難，每天除了吃飽肚子還有剩餘。

刺蝟雖也是個學生，無論學習還是工作都不努力，牠總是想同時做好每件事。但是，不管做什麼事情卻又都懶懶散散、馬馬虎虎。上課不認真聽講，聽完就忘得一乾二淨。

刺蝟想製蜜時不知該用哪種樹，哪種草或哪種花。牠盲目地鑽樹，而且每到一處嘴裡總是嘟囔著：「可能這是造蜜的樹！也許這是釀蜜的草！或許這是做蜜的花！」每片樹葉牠都嫌不好，每朵花牠都嫌味苦，所有的植物牠都嫌不好吃。在學校裡，牠沒有學到任何東西。到畢業時，牠和入校時沒有什麼區別。

學習一定要專心致志、心無旁鶩，肯下硬工夫，這樣才能取得良好的學習效果；如果三心二意，或是拈輕怕重，總想投機取巧，就很難做出任何成績。

性情急躁的蟾蜍

有一次，蟾蜍問馬陸：「我都是在水中生活，但為什麼身體卻不如你乾淨？」

馬陸回答說：「我出生的時候，媽媽燒了一鍋開水……」

蟾蜍性情急躁，沒等馬陸說完，就打斷了牠的話，問道：「水燒開以後，你就跳進去嗎？」

馬陸原本想說：在開水中放入了適量的冷水後，媽媽給牠洗了澡，然後又給牠身上抹了一層油，因此牠的身體總是乾淨的。

但是，蟾蜍根本沒讓馬陸說下去，接著就追問道：「你跳進去了嗎？」馬陸無可奈何，只好回答：「是的，跳了！」

蟾蜍回到媽媽那裡要洗熱水澡。爐子上的水一開，牠就迫不急待地跳進鍋裡了。滾燙的水燙得牠痛不可忍，隨即躥出鍋來，可是身體已差不多全被燙傷。傷癒後，牠就變得滿身斑斑點點、疙疙瘩瘩了。

> 在學習和借鑒別人的經驗時，一定要耐心、仔細地瞭解全部的要領，搞清細節；千萬不能在一知半解時就盲目採取行動。

猴子磨刀

有一隻猴子撿到一把刀。但這把刀很鈍，鈍得連一棵小樹也砍不斷。
牠跑去請教砍柴的人：「告訴我，你的刀為什麼那樣鋒利？」
「我在石頭上磨過它的。」
「磨過就行了嗎？」
「是的，磨過了就行了。」
猴子高興地跑回去，拿著刀就在石頭上使勁地磨。
磨著，磨著，把刀口磨得和刀背一樣厚了。
等牠再拿去砍樹時，不用說，就更加砍不動了。
「哎……我已經學習了別人的經驗，還是毫無辦法，如果不是經驗本身不可靠，那一定就是這把刀有問題！」猴子下了結論說。

學別人的方法，一定要認真、細心；如果淺嘗輒止，滿足於一知半解，就只能事與願違，把事情越弄越壞。

烏龜找智慧

從前，烏龜認識到智慧比黃金更寶貴，於是牠開始收集「智慧」。牠碰到每一個人，總能搜集到一星半點。

大量的智慧好像樹葉飄落，佈滿地面，烏龜把它們通通收集起來。隨時隨地地尋找到一點智慧，就把它放在一個大罐子裡。

經過長年累月地聚集，牠的罐子終於裝滿了。

烏龜相信：「世界上所有的智慧都完全屬於我所有了。」

牠認為必須使這些智慧供牠單獨使用，因此害怕有人會把牠的罐子偷走。

「我怎麼辦好呢？」牠左思右想拿不定主意，「我該把罐子藏在哪裡好呢？」

牠想了又想，突然有了主意：「對了，爬上樹去上把罐子藏在樹枝當中，就沒有人能找到了。」

於是，烏龜用兩臂提著罐子試著爬樹，但爬不上去。牠試著用左臂提著罐子，還是爬不上去。牠又嘗試用右臂提著罐子，但仍然爬不上去。

這時候，牠的兒子一直在旁邊看著。

「爸爸，」小烏龜突然喊道，「爸爸，你為什麼不把罐子背在背上再爬樹呢？」

烏龜對兒子笑笑說，「嗨，小傢伙，你懂的比你老爸還多嗎？」但是，牠還是試著把罐子背在背上。真奇怪，牠一下就爬上去了，而且還非常容易。

烏龜坐在樹枝上，抱著大罐子，牠感覺十分悲傷。

「真想不通啊！」牠自言自語，「我以為已經把所有的智慧都收集到罐子中了，可是這個小孩卻具有我所沒有的智慧。」

烏龜想了一陣子，便從樹上把罐子推下去。罐子猛撞在地面摔破了。於是，「智慧」又全部撒到大地上了。

> 學習知識的目的在於運用，如果無法學以致用，將是一事無成。

聰明的猴子

喜鵲對聰明的猴子說：「如果你到我家去，我會給你看許多奇珍異寶，並告訴你我用什麼妙法來竊取它們。」

「請帶路。」猴子說。

猴子跟著喜鵲來到牠的家。喜鵲太太取出了一條鮮豔的襪帶、哥薩克的腰墊、一個皮帶扣環、兩枚徽章、寶劍上的包銅片、半個梳子、剪刀鞘、一團紗布、馬刀的斷柄、吉他上的三個弦軸和其他廢物。

「怎麼樣，」喜鵲說，「你不妒忌我？不驚訝嗎？其他人可沒有我這樣的財產。」

聰明的猴子看了一眼喜鵲，說：「你收集了一堆毫無用處的漂亮東西。在你這兒就有勝過你的人，因為它保存有用的東西。不信，你看看我的顎骨。朋友，我的顎骨下面有兩個腮，也叫頷下肉，可以收縮，可以張開。有了多餘的食物，我就把它放在兩個腮下，等我需要時再吃。你收集了一堆廢物，破布和垃圾。我收集的是核桃、榛子、糖、肉、還有其他不可缺少的營養品。」

真正的博學不是堆砌許多無足輕重的資訊，而是選擇那些最重要的和最實用的知識。

令人著迷的琴聲

古時候，有個善於彈琴的樂師名叫師襄，據說在他彈琴的時候，鳥兒能踏著節拍飛舞，魚兒也會隨著韻律跳躍。鄭國的師文聽說了這件事後，十分嚮往，於是離家出走，來到魯國拜師襄為師。

師襄親自教他調弦定音，可是他的手指十分僵硬，學了三年，竟彈不成一個樂章。師襄無法可想，只好說：「你太缺乏悟性，恐怕很難學會彈琴，你可以回家了。」

師文放下琴後，歎了口氣，說：「我並不是不能調好弦、定準音，也不是不會彈奏完整的樂章。然而我所關注的並非只是調弦，我所嚮往的也不僅僅是音調節律。我的真正追求是想用琴聲來宣洩我內心複雜而難以表達的情感啊，在我還無法準確地掌握情感，並且用琴聲與之相呼應的時候，我暫時還不敢放手去撥弄琴弦。因此，請老師再給我一些時日，看是否能有長進！」

果然，在過了一段時間以後，師文又去拜見他的老師師襄。師襄問：「你的琴現在彈得怎樣啦？」

師文胸有成竹地說：「稍微摸到了一點門道，請讓我試彈一曲吧。」

於是，師文開始撥弄琴弦。他首先奏響了屬於金音的商弦，使之發出代表八月的南呂樂律，只覺琴聲挾著涼爽的秋風拂面，似乎草木都要成熟結果了。

面對這金黃收穫的秋色，他又撥動了屬於木音的角弦，使之發出代表二月的夾鐘樂律，隨之又好像有溫暖的春風在耳畔迴盪，頓時引來花紅柳綠，好一派春意盎然的景色。

接著，師文奏響了屬於水音的羽弦，使之發出代表十一月的黃鐘樂律，不一會兒，竟使人感到霜雪交加，江河封凍，一派肅殺景象如在眼前。

再往下，他叩響了屬於火音的徵弦，使之發出代表五月的蕤賓樂律，又使人彷彿見到了驕陽似火，堅冰消釋。

在樂曲將終之際，師文又奏響了五音之首的宮弦，使之與商、角、徵、羽四弦產生和鳴，頓時在四周便有南風輕拂，祥雲繚繞，恰似甘露從天而降，清泉於地噴湧。

這時，早已聽得如癡如醉的師襄忍不住雙手撫胸，興奮的當面稱讚師文說：「你的琴真是演奏得太美妙了！即使是晉國的師曠彈奏的清角之曲，齊國的鄒衍吹奏的律管之音，也無法與你這令人著迷的琴聲相媲美呀！他們如果能來此地，我想他們一定會帶上自己的琴瑟管簫，跟在你的後面當學生的！」

學習任何技藝，都不能只滿足於簡單操作和表面上的熟練，而要花大氣力，下深功夫，精究其理，矢志不渝。只有這樣，才有可能達到爐火純青的境界。

越國人學造車

古時候，越國沒有車，越國的人也一直都不懂得該如何造車。所以越人很希望學會造車的技術，好將車用在戰場上，增強本國的軍事力量。

有一次，一個越人到晉國去遊玩。野外空氣新鮮、風景美麗，他一路走一路看，不知不覺到了晉國和楚國交界的郊野。忽然，不遠處的一件東西將他的視線吸引了過去。

「咦，這不是一輛車嗎？」這個越人馬上聯想起在晉國見到過的車。

這東西確實是輛車，不過毀壞得很厲害，所以才被人棄置在這裡，這車的輻條已經腐朽，輪子毀壞，車軸也折斷了，車轅也毀了，上上下下沒有一處完好的地方。

但這個越人對車本來就不甚了解，又一心想要為沒有車的家鄉立一大功，仍是想了個辦法把破車給運了回去。

回到越國，這個越人便到處誇耀：「去我家看車吧，我弄到一輛車，是一輛真正的車呢，可棒了，我好不容易才搞到的呢！」

於是，到他家去看車的人絡繹不絕，大家都想一睹為快。幾乎每一個人都聽信了這個越人的炫耀之詞，紛紛議論著說：「原來車就是這個樣子的啊！」

「看起來怕不能用了吧，是不是損壞過呢？」

「你不信先生的話嗎？車一定本來就是這個樣子的。」

「對，我看也是。」這樣，越人造起車來都模仿這個車的形狀。

後來，晉國和楚國的人見到越人造的車，都笑得直不起腰來，譏諷說：「越人實在太笨拙了，竟然將車都造成破車，哪裡能用呢？」可是越人根本不理會晉人和楚人的譏諷，還是我行我素，造出了一輛輛的破車。

終於有一天，戰爭爆發了，敵人大兵壓境，就要侵入越國領土了。

越人一點也不驚慌，從容應戰，他們都覺得現在有車了，再沒什麼可怕的，越人駕著破車向敵軍衝過去，才衝了沒多遠，破車就散了，在地上滾得七零八落，越國士兵也紛紛從車上跌落下來。

敵軍趁亂殺了過來，把越人的陣形徹底破壞得亂七八糟。越人抵擋不住，死的死，逃的逃，投降的投降，兵敗如山倒。可是直到最後，他們也不知道自己是敗在了車上。

學習的時候不能毫不動腦，簡單地生吞活剝，刻板地模仿，而一定要多動腦筋，善於甄別和選擇，去其糟粕，取其精華。

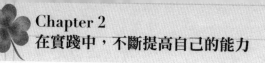

齊國人學彈瑟

古時候，有一種樂器叫做瑟，發出的聲音非常悅耳動聽。趙國有很多人都精通彈瑟，使得別的國家的人羨慕不已。有一個齊國人也非常欣賞趙國人彈瑟的技藝，希望自己也能有這樣的好本領，於是就決心到趙國去拜師學彈瑟。

這個齊國人拜了一位趙國的彈瑟能手做師傅，開始跟他學習。可是齊國人沒學幾天就厭煩了，上課的時候經常曠課，不是找藉口遲到早退，就是偷偷琢磨自己的事情，不專心聽講，平時也總不願意好好練習。

學了一年多，齊國人仍彈不了成調的曲子，師傅責備他，他自己也有點慌了，心裡想：「我到趙國來學了這麼久的彈瑟，如果什麼都沒學到，就這樣回去哪裡有什麼臉面見人呢？」想雖這樣想，可是他還是不抓緊時間認真研習彈瑟的基本要領和技巧，一天到晚都只想著投機取巧。

他注意到師傅每次彈瑟之前都要先調音，然後才能演奏出好聽的曲子。於是，他想到了：看來只要調好了音就能彈好瑟了。如果我把調音用的瑟弦上的那些小柱子在調好音後都用膠黏牢，固定起來，這樣不就能一勞永逸了嗎？

想到這裡，他不禁為自己的「聰明」而暗自得意。

於是，他請師傅為他調好了音，然後真的用膠把那些調好的小柱子都黏了起來，帶著瑟高高興興地回家了。

回家以後，他逢人就誇耀說：「我學成回來了，現在已經是彈瑟的高手了！」

大家信以為真，紛紛請求他彈一首曲子來聽聽，這個齊國人欣然答應，可是他哪裡知道，他的瑟再也無法調音了，也根本彈不出完整的曲子來的——他在家鄉父老面前出了個大洋相。

☘ 要想掌握真正的本領，必須腳踏實地，循序漸進。不能追求一勞永逸，也不能存有投機取巧的僥倖心理。否則，受害的只能是你自己。

兩個愛畫畫的孩子

萊格和比爾是兩個愛畫畫的孩子。

比爾的媽媽給兒子一疊紙、一捆筆，還有一面牆。她告訴他：「你的每一張畫都要貼在牆上，給所有來我們家的客人看。」

萊格的媽媽給兒子一疊紙、一捆筆，還有一個紙簍。她告訴他：「你的每一張畫都要扔在這個紙簍裡，無論你自己對它滿不滿意。」

三年以後，比爾舉辦了畫展：一牆的畫，色彩鮮亮，構圖完整，人人讚揚。萊格無法展覽，一紙簍的畫，滿了就倒掉，所有的人都只看到他手頭尚未畫完的那一張。

十年以後，人們對比爾一牆一牆展覽的畫已不感興趣；萊格的畫卻橫空出世，震驚了畫壇。人們把比爾貼在牆上的畫拿下來，扔進了紙簍；又將萊格扔在紙簍裡的畫撿起來，貼在牆上。

功到自然成。學習要先打好基礎，一步一腳印，厚積薄發，才能取得最佳的學習效果。

難度超高的樂譜

伍德是音樂系的學生。這一天，他走進練習室，看到鋼琴上，擺著一份全新的樂譜。

「超高難度……」伍德翻動著樂譜，喃喃自語，感覺自己對彈奏鋼琴的信心似乎跌到了谷底，消靡殆盡。

已經三個月了！自從跟了這位新的指導教授之後，不知道，為什麼教授要以這種方式整人。

伍德勉強打起精神，他開始用手指奮戰、奮戰、奮戰……琴音蓋住了練習室外教授走來的腳步聲。

指導教授是個極有名的鋼琴大師。授課第一天，他給自己的新學生一份樂譜。

「試試看吧！」他說。樂譜難度頗高，伍德彈得生澀僵滯、錯誤百出。

「還不熟，回去好好練習！」教授在下課時，這樣叮囑學生。

伍德練了一個星期，第二週上課時正準備讓教授測試，但教卻給了他另一份難度更高的樂譜。

「試試看吧！」上星期的課，教授提也沒提。

伍德再次掙扎於更高難度的技巧挑戰。

第三周，更難的樂譜又出現了。同樣的情形持續著，伍德每次在課堂上都被一份新的樂譜所困擾，然後把它帶回去練習，接著再回到課堂上，重新面臨兩倍難度的樂譜，卻怎麼樣都追不上進度，一點兒也沒有因為上星期的練習而有駕輕就熟的感覺。

伍德感到越來越沮喪和氣餒。當教授走進練習室，伍德再也忍不住了。他必須向鋼琴大師提出這幾個月來自己承受的巨大壓力。

教授沒說話，他抽出了最早的那份樂譜，交給伍德。

「彈彈看！」他以堅定的目光望著學生。

不可思議的事情發生了，他居然可以將這首曲子彈奏得如此美妙、如此精湛！

教授又讓伍德試了第二堂課的樂譜，他依然呈現超高水準的表現……演奏結束，伍德怔怔地看著教授，說不出話來。

「如果，我任由你表現最擅長的部分，可能你還在練習最早的那份樂譜，就不會有現在這樣的程度……」鋼琴大師緩緩地說。

> 為了追求高深的學問、精湛的技術，在學習中，你必須承受壓力，才能不斷挖掘潛力，提高能力。

抄襲的呈文

東漢恒帝在位的時候，有個有錢人想謀個官位，一來是為了威風威風，二來也好借權勢多弄些錢財。

於是他狠下心，拿出一筆數目可觀的錢來打通關節。後來真的如願以償，得到了一個在太守衙門裡當屬官的職位。

他穿上官服，戴上官帽，趾高氣揚地走來走去，心裡非常得意。但是過了沒幾天，就遇到難題了：他必須寫一篇奏事的呈文，然後交給太守審閱。他一直都過著茶來伸手、飯來張口的懶漢生活，從沒想過要去學習，什麼都不會，這回要他寫呈文，可使他為難了。這個人著急地在家裡踱來踱去，整天都吃不下飯、喝不下水，只是愁眉苦臉地歎氣。

他妻子見他這樣，便出了個主意說：「鄰居張三念過幾年書，認識不少字，你去求他幫你寫一篇，不就行了？」

這人一拍腦袋：「對呀，我怎麼沒想到呢？」

他急急忙忙地跑到張三家，央求張三說：「老兄啊，這回你可真要幫幫我呀！你也知道我沒認真讀過書，哪裡會寫什麼呈文，要是太守怪罪下來，那就不得了了！」

張三聽了搔搔後腦勺，想了想說：「不是我不幫你，我實在也不會寫這種文章。這樣吧，我聽說很多年前有個叫葛龔的人，他的奏事呈文寫得很好，你就去照他寫的抄一篇吧，用不著再費腦筋了。」

這個人聽了大喜過望，趕緊回去把古書翻了一遍，總算找到了葛龔寫的文章。他不管三七二十一地抄了起來，連一個字都沒改，甚至忘了改呈奏者的名字，將「葛龔」二字也寫了上去。

第二天，他把呈文交給太守。太守看了，氣得一句話也說不出來，馬上就把他給罷免了。

一個人不學無術，靠生搬硬套別人的東西來蒙混過關，終究是會露出馬腳來的。生活中，最忌諱的就是不下苦功學習，卻又喜歡不懂裝懂，這種人純屬自欺欺人；只有腳踏實地，靠自己的真才實學辦事，才能夠獲得成功。

父親的三條誡命

從前，在錫耶納有一個富裕的市民，他有一個獨生子，年約二十歲。他在臨終前，給兒子特別作了三點囑咐：第一，絕不要跟一個人來往過多，免得遭人嫌惡；第二，如果他買了一樣貨物或別的什麼東西，在這上面得到一點好處，那麼他就應該接受下來，並且讓別人也從中獲得好處；第三，如果他要娶一個老婆，應該在鄰居的女孩中挑選，如果這一點辦不到，那麼寧可娶一個本地人，也不要外地人。

兒子接受了這三點叮囑，看做是父親留給他的重要遺訓。

這個年輕人一直和福特古艾拉家族裡的一個人來往。那這個人是個揮霍無度的浪子，他有幾個成年的女兒。

一天，那個福特古艾拉家族的人為這個年輕人和另外幾個人準備了一頓美餐。那人的親戚規勸他不要揮霍無度。他們勸說他好久，直到他十分絕望地回家去。廚房裡已準備的各式佳餚美食都被擱了下來，只有一盤大蔥送上桌面。

主人發下命令：如果那個年輕人來赴宴，那就告訴他，他可以吃蔥，別的菜已經沒有了。福特古艾拉本人則不在家裡吃飯。

到了吃飯的時刻，那個年輕人便到請他赴宴的人家裡去。他一跨進大廳，便問朋友的妻子她丈夫哪裡去了。那女的回答，他不在家，也不在家吃飯。不過他留下了話，如果客人來了，可以吃蔥，別的菜已經沒有了。

年輕人見到這道菜時，想起了父親的第一條誡命，現在他獲得的是多麼壞的後果呀。他拿了蔥，便回家去，用一根線，把蔥掛了起來，掛在他吃飯的大廳天花板下。

不久，他用五十個銀幣買了一匹馬。幾個月以後他可以把馬賣九十個銀幣，可是他還不肯脫手，而說，他要賣一百個銀幣。他堅持不肯把馬賣掉。一天晚上，那馬病得倒在地，後來就死了。

他想到這一切時，便想到他沒遵守父親的第二條誡命而獲得了糟糕的後果。他把馬尾割下，掛在天花板下的大蔥旁。

後來他想結婚了，但事不湊巧，鄰居的女孩和整個錫耶納地方的女孩沒有一個中他意的。因此他便到好多地方去尋找老婆，最後來到比薩。

他碰到了一個公證人，也是他父親的朋友，因此這位公證人認得他。公證人十分友好地接待了他，問他在比薩有什麼事。年輕人回答，他想物色一位漂亮的女孩做妻子，因為他在整個錫耶納沒有找到一個中意的。那公證人說，「那是上帝安排你來這兒的。你在這兒會找到中意的女孩的；因為眼下蘭弗朗基家有個漂亮的女孩，像她這樣的美人你從來沒有見到過，她大概有興趣做你的妻子。」

年輕人聽後很滿意。婚事很快就定下來，並說好了把她迎娶到錫耶納的時間。

這女孩名聲不好，公證人是收了蘭弗朗基家的好處才把她介紹給年輕人的。她曾和比薩的幾個小夥子有過關係，後來找不到機會出嫁，所以這位公證人想幫助她的親屬擺脫這個累贅，讓她嫁給一個錫耶納人。他和女孩的侍女約定此事，這侍女也樂意扮演拉皮條的角色。侍女是女孩的一個鄰居，名叫莫娜。女孩常和她到處玩樂。

一切準備就緒了，連陪送人員也已經找到，其中有幾個年輕小夥子，他們曾和女孩有過來往。這些人從比薩出發，和新娘新郎一起上錫耶納。出發前，先派使者前往錫耶納送信，要人在當地做好一切準備。在旅途中，陪送人員中有一個小夥子顯得甚是悲哀，因為他想，那女孩嫁到遠處以後，他回比薩時就看不見她了。

新郎察覺到他和女孩之間的默契。俗語說，愛情和咳嗽是無法隱藏的，這話有道理。他在沒弄明白真相以前，心裡已冒起陣陣猜疑，直到他完全看出那女孩是個什麼樣的人，那公證人又怎樣欺騙了他並出賣了他，他才下定決心。

當他們半途到達斯塔賈投宿客店以後，新郎施出了如下的巧計：他表示，他要在夜裡吃早點、明兒天亮以前，他先要往錫耶納，以便在那兒做必要的準備。他們睡的那些房間，差不多只是用木板並排地分隔開來的。一間裡睡新郎，另一間睡新娘和她的侍女，第三間睡那兩個年輕小夥子，其中有一個耳朵特別靈，他把新郎講的話全都聽在耳朵裡了。

到了第二天早上，新郎在天亮以前一小時就起身了，正如他昨晚打過的招呼那樣，匆匆上錫耶納去了。他下到樓下，騎上馬，向錫耶納走了約獵槍射程四倍之遠，便勒轉馬頭，慢慢地向達斯塔賈回來。

他悄悄地靠近客店，把馬拴在門環上，然後走進大廳，來到睡著新娘的房間旁邊，偷聽房內動靜，並且確信，她身邊已睡著那個歎氣的小夥子。隨後他推開沒有門好的門，輕輕地走到床頭櫃前，尋找睡在床上的那個小夥子的衣服，湊巧他摸到了那人的長褲，而睡在床上的人沒有注意到他。他拿起長褲，離開了房間，走到樓下，帶著長褲，坐到馬上，便急匆匆地向錫耶納進發。

他回到家裡，便把長褲掛到天花板下的大蔥和馬尾旁邊。新娘和她的情人在第二天早上從床上起來，小夥子沒能找到他的長褲，便乾脆不穿長褲就和其他的陪送人員一起上馬向錫耶納出發。

他們來到即將舉辦婚禮的屋前，便跳下馬來，進大廳吃點心。他們看見天花板下掛著三樣東西，便問新郎這是什麼意思。

他回答說：「我願意講給你們聽，請大家聽仔細了。不久以前，我父親去世了，他在彌留之際留給我三條誡命。第一條的訓誡，我沒做到，所以把這些蔥掛在這兒；第二條他叮囑我的，我沒有聽從，結果那條馬死了後，我把牠的尾巴割下來掛在這上面；第三條他吩咐我盡可能在本鄉本地娶妻。可是我沒有在本地娶妻，而是跑到了比薩娶了這位女孩，因為我相信她是真心的，像所有新娘那樣情鐘其夫。可是，在來這兒途中，坐在這兒的這個小夥子和她在客店裡睡覺。我悄悄地趕回他們那兒，找到了他的長褲，我把它拿來掛到這兒的天花板下。要是你們不信我的話，那請你們去察看一下，因為他沒有穿長褲。」人們發現事實確是如此。

他接下去說：「請你們把這位好女孩重新帶回你們的家鄉去，因為我不想再見到她，更何況有人和她關係特別。那個給我出這樣好主意的公證人，他給我介紹這門婚事，讓我寫下了婚約。」

後來事情果然如此。他們夾著尾巴把女孩悄悄地帶走了。或者，如同人們常說的那樣，跛著腿，窩著一肚子氣走了。後來這新娘還跟了好幾個男人，而那新郎則娶了別的女子。

俗話說：不聽老人言，吃虧在眼前。在生活中要抓住借鑑別人豐富的經驗與機會。向有經驗的人學習是每個人進步的必經之路，向他人學習一點也不會有損於自己的尊嚴，反而是提高自己能力、避免走彎路的最佳途徑。

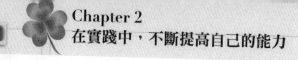

用腦袋思考

你不能總把希望寄託在好運上

Chapter 3

誠實，
就是勇敢的面對

Beware beginnin

河流和池塘

池塘無所事事，開始與身旁的河流攀談起來。

池塘對河流說：「無論什麼時候抬眼望你，你總是在奔流不息。這是怎麼回事啊？難道你不感覺到勞累嗎？而且我隨時都會看到，有時你拖著沉重的貨船，有時你運送著長長的木筏，至於你運載的小艇和舢板，更是多得無法統計呀！這種生活你要到幾時才會厭棄呢？說真的，要是我，我會苦悶得死去！跟你相比，我的命運要好得多。

當然，我沒有什麼名氣，不像你在地圖上蜿蜒了整整一頁，也沒有哪個歌手彈著琴把我頌揚。可是老實講，這一切毫無實際意義！我躺在岸邊柔軟的淤泥上，像貴婦人躺在羽毛褥墊上一般無憂無慮，享受這寧靜和安逸。

我不僅不用擔心貨船或木排的侵擾，甚至不知道一條舢板有多少重量！如果發生意外，最多是一陣輕風吹落幾片樹葉，在我的水面上輕輕飄蕩。

八面來風，我都能紋絲不動，靜觀著塵世的忙碌，思考生活的哲理。這樣悠閒自在的生活哪裡去找啊？」

河流回答道：「既然你在思考生活哲理，那你是否記得流水不腐的規律？如果說我還算得上是一條大河，那是因為我放棄了安逸，遵循這個規律奔流不息。

我年復一年，用源源不斷的清水為人服務，進而也贏得了尊敬和榮耀。也許我還會奔流很久很久，而那時你將不復存在，被人們完全忘記。」

果然，多年以後，河流仍川流不息；而可憐的池塘則一年不如一年，先是長滿密密的水藻和莎草，最後竟完全乾涸、消失了。

♣

那些肯於奉獻，願意為社會做些力所能及的事情的人，才能得到社會的認可，才能為自己的長足發展奠定良好的基礎。

水和火

西元前四世紀，某國有一個十分繁榮的地區，自從新的統治者繼承王位掌管大權後，日漸衰落。

新統治者對此十分震驚，大惑不解。於是，他起程前去名山寺廟尋訪智慧大師。

這位新統治者到達寺廟，他看到大師靜靜地端坐在小石丘上，眺望著毗鄰的山谷。他向大師述說了自己的處境後，屏住呼吸等待著大師的教誨。然而，令他失望的是大師一言未發，只是面露微笑，示意他隨其下山。

他倆默默地來到一條又寬又長、一望無際的大河岸邊，大師面對河水冥思片刻，便在岸邊架起一個柴堆。柴堆被點燃，火苗越來越大。大師讓他一起坐在火堆旁，就這樣，他們一直看著熊熊的火焰劃破了夜空。

隨著黎明的到來，火焰也慢慢地暗了下來。這時，大師指著大河第一次開口說：「現在，你明白你無法和前統治者一樣維持管轄地區繁榮的原因了嗎？」

新統治者面帶困惑和羞愧，但他並沒明白大師的用意：「請原諒我的無知。我還無法理解您賜予的智慧。」

大師說：「請回想一下，昨晚呈現在我們面前的火焰，它是那麼的強大和威武，它自高自大地向上跳躍和呼叫著，它無視一切強壯的樹木和野獸，它似乎可以輕而易舉地征服橫擋在面前的一切障礙。相反，再想一下這條大河，它起源於遠山的溪流，時快時慢，但總是向下流淌著，選擇低窪處作為前進的路線，它心甘情願地滲進大地每一道裂痕，浸入大地每一塊凹陷，因此謙恭是它的天性。

當我們傾聽河水時，幾乎無所聞；而當我們觸摸河水時，則幾乎無所覺——因為，善良、溫和是它的秉性。而說到底，一時熊熊的烈火遺留下什麼？僅是一把灰燼！因為火太強大了，所以，不僅沒有摧毀橫擋在面前的一切障礙，而且最終消耗掉自身，成為自身力量的犧牲品。

平靜無聲的河水則恰恰相反，也正鑒於此，它才總是永遠不停地流淌著，越來越寬，越來越深，一旦到達浩瀚的大海，它將獲得永恆的生命，產生前所未有的威力。」

大師繼續說：「真正的統治者應該是水而不是火。因為水能夠戰勝一切障礙，擁有美好的生命。因此，不是強大、有權威的統治者，而是謙恭，具有內在力量的統治者，才能夠獲得民心，使其國家和地區繁榮昌盛。想想看，你屬於哪一類統治者？也許你所尋求的答案就在於此。」

聽了大師一番話，新統治者茅塞頓開，心裡豁然開朗。

> 大凡有成就的人，都把謙虛謹慎當做人生的首要美德來刻苦培養。他們因此獲得了世人更多的尊重，也拓展了自己生活的空間。

導盲犬和主人

一天，一個盲人帶著他的導盲犬過馬路時，一輛大卡車失去控制，直衝了過來，盲人當場被撞死，他的導盲犬為了守衛主人，也一起慘死在車輪底下。

主人和狗一起到了天堂門前。一位天使攔住他倆，為難地說：「對不起，現在天堂只剩下一個名額，你們兩個之中必須有一個去地獄。」

主人一聽，連忙問：「我的狗又不知道什麼是天堂，什麼是地獄，能不能讓我來決定誰去天堂呢？」

天使鄙視地看了這個主人一眼，皺起了眉頭，祂想了想，說：「很抱歉，先生，每一個靈魂都是平等的，你們要透過比賽來決定由誰上天堂。」

主人失望地問：「哦，什麼比賽呢？」

天使說：「這個比賽很簡單，就是賽跑，從這裡跑到天堂的大門，誰先到達目的地，誰就可以上天堂。不過，你也別擔心，因為你已經死了，所以不再是瞎子，而且靈魂的速度跟肉體無關，越單純善良的人速度越快。」主人想了想，同意了。

天使讓主人和狗準備好，就宣佈賽跑開始。他以為主人會為了進天堂而拼命往前跑，誰知主人是慢慢地往前走著。更令天使吃驚的是，那條導盲犬也沒有奔跑，牠配合著主人的步調在旁邊慢慢跟著，一步都不肯離開主人。

天使恍然大悟：原來，多年來這隻導盲犬已經養成了習慣，永遠跟著主人行動，在主人的前方守護著他。可惡的主人，正是利用了這一點，才胸有成竹，穩操勝券，他只要在天堂門口叫他的狗停下，就能輕輕鬆鬆贏得比賽。

天使看著這條忠心耿耿的狗，心裡很難過，他大聲對狗說：「你已經為主人獻出了生命，現在這個主人不再是瞎子，你也不用領著他走路了，你快跑進天堂吧！」

可是，無論是主人還是他的狗，都像是沒有聽到天使的話一樣，仍然慢慢地往前走，就好像在街上散步似的。

果然，在離終點還有幾步的時候，主人發出一聲口令，狗聽話地坐下了。天使用鄙視的眼神看著主人。

這時主人笑了，他轉過頭對天使說：「我終於把我的狗送到天堂了，我最擔心的就是牠根本不想上天堂，只想跟我在一起。所以……我才想幫牠決定，請你好好照顧牠。」

天使愣住了。

主人留戀地看著自己的狗，又說：「能夠用比賽的方式決定真是太好了，只要我再讓牠往前走幾步，牠就可以上天堂了。不過牠陪伴了我那麼多年，這是我第一次可以用自己的眼睛看著牠，所以我忍不住想要慢慢地走，多看牠一會兒。如果可以的話，我真希望永遠看著牠走下去。不過天堂到了，那才是牠該去的地方，請你照顧好牠。」

說完這些話，主人向狗發出了前進的命令，就在狗到達終點的一剎那，主人像一片羽毛似的落往了地獄的方向。

他的狗見了，急忙掉轉頭，追著主人狂奔。

滿心懊悔的天使張開翅膀追過去，想要抓住牠，不過那是世界上最純潔善良的靈魂，速度遠比天堂所有的天使都快。所以，導盲犬又跟主人在一起了，即使是在地獄，導盲犬也永遠守護著牠的主人。

天使久久地站在那裡，喃喃說道：「我一開始就錯了，這兩個靈魂是一體的，他們無法分開……」

> 對於一個正直高尚的人來說，追求的不是個人的利益，而是忠誠地對待自己的朋友；在危急關頭，他們總是肯於捨己為人的。

一棵彎腰樹

林西栽了一棵小樹，一天被風把樹幹吹彎了。他的朋友水台告訴他，只要輕輕一扶，小樹就直了。

可是林西想，慌什麼，樹還小，過些時候再扶也不遲。

日子一天天、一年年過去了，轉眼小樹長成了大樹。

林西發覺這樹長成了一棵彎腰樹，既難看，又無用，才決定去把樹扶直。可是這時，無論他用多大的力氣，都無法再把樹幹扶直了。

一個人如果有了缺點或毛病，要及時改正；否則，一旦養成壞習慣或釀成大錯，就很難改正了。

過河的蠍子

一隻蠍子要過河，可是沒人願意幫牠過河，是怕牠亂咬人。這時過來一隻青蛙，蠍子央求青蛙帶牠過河。

青蛙說：「要我帶你，你到河中央咬我一口，我怎麼辦？」

「不會的，我要是咬你，我不也被淹死了嗎？」蠍子肯定地說。

青蛙覺得也有道理，就答應了蠍子。在河中央，青蛙吃力地划著水。就在這時，青蛙背部感到一陣疼痛，漸漸連划水的力氣都沒有了。牠知道是蠍子從後面咬了牠，自己中毒了。

臨死前，牠望著蠍子，蠍子也快淹死了。

青蛙怒斥蠍子：「你為什麼要咬我？」

「我忍不住。」蠍子絕望地說道。

一旦形成一種不良的習慣，改正起來是非常困難的。因此，一定要慎之又慎，嚴格約束自己，防微杜漸。

戰馬的遭遇

從前，有一個國家，連一匹馬都沒有。

這一國的國王，非常憂慮，腦海中幻想著鄰國強大的兵馬，有一天攻打到本國的時候，實在無法應付，於是他下決心，用重金向四處購買駿馬！

如國王所願，不久買來了五百匹高大的駿馬。國王見了，心中非常歡喜，下令叫人加以訓練。當五百匹馬被訓練得能夠衝鋒陷陣的時候，鄰國對他的態度改變了。建立邦交，互派使節，表現得非常和氣。

國王的心中，覺得高枕無憂了。

這樣和平的日子過了幾年之後，國王看到這五百匹馬，老是坐吃山空，這一筆經費的負擔，頗為巨大，心中又憂慮起來！

忽然，他靈機一動，歡喜雀躍道：「何不把這些馬，從事於生產的事業？這樣不就能增加國家財政的收入了嗎？」於是，他下令將這五百匹馬牽到磨房去磨米。

這五百匹馬，每天就被工人們用布把眼睛緊緊矇住，又用鞭子抽打，逼著他們拉著石磨旋轉。

起初，這些馬非常不習慣，橫豎亂竄，工人們也感到吃力。但後來時間一久，五百匹馬對拉磨也習慣了。

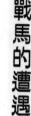

國王一見，更加高興，他快樂地笑道：「哈哈！這些馬既能保國，又能生產，一舉兩得！」

不久，鄰國突然進兵侵入他的國境，他即下令召集那五百匹馬，準備應戰！國王領著五百騎兵，浩浩蕩蕩向戰場進發，一路上，國王驕傲地想著：「大膽的敵人啊！我有這麼多強壯的兵馬，有何畏懼你們的侵略！你們何不睜開眼看看我那肥碩的馬，你們簡直是來討死的，讓我們的軍隊，殺得你們片甲不留！」

到了戰場，兩軍交鋒，展開激烈的戰鬥，國王的五百匹馬雖很壯碩，但平常都以拉磨旋轉成為習慣，此時和敵軍交戰，仍然不斷地旋轉著，騎在馬上的兵將，一著急，提鞭加緊地抽打著，這樣抽打越快，馬旋轉得也越快。

敵軍見狀大喜，遂驅軍直進，橫殺直刺，把那國王的兵馬殺得落花流水，全軍覆沒，逃竄而去。

一個志在成功的人，必須時刻保持旺盛的鬥志，在順利的時候，未雨綢繆，不斷進取。這樣，在困難和挫折面前才能夠勇往直前，直到成功。

騎師和失控的馬

一個騎師，嚴格地訓練了他的馬。只要把馬鞭子一揚，那馬就會乖乖地聽他支配，而且騎師說的話，馬句句明白。於是，騎師認為用言語就可以把馬駕馭住了，給這樣聽話的馬加上轡繩是多餘的。有一天騎馬出去時，就把轡繩解掉了。

馬在原野上奔跑，開頭還不算太快，仰著頭抖動著馬鬃，雄赳赳地昂首闊步，好像要驗證主人的做法是正確的。

但當牠知道什麼約束也沒有的時候，很快就野性大發。牠的眼睛裡冒著火，腦袋裡充著血，再也不聽主人的叱責，愈來愈快地飛馳過遼闊的原野。

不幸的騎師此時毫無辦法控制他的馬了，他顫抖著雙手想把轡繩重新套上馬頭，但已經無法辦到。

完全無拘束的馬撒開四蹄，一路狂奔著，竟把騎師摔下馬來。而牠還是瘋狂地往前衝，像一陣旋風似的，什麼方向也不辨，最後跌下深谷，摔了個粉身碎骨。

騎師好傷心，悲痛地大叫道：「我可憐的好馬呀，是我把你毀掉的呀！如果我不冒冒失失地解掉轡繩，你就不會不聽我的話，就不會把我摔下來，我也不至於摔得滿臉是傷，你也就絕不會落得這樣淒慘的下場。」

在日常生活中，每個人的思想與行為，無時無刻不受到社會的制約。同時，只要是正常人，也大都習慣於接受社會的習俗、道德、法律及制度的規範要求，約束自己的行為，以求同社會保持統一。學會自律，善於自律，是獲得行為自由，順利發展自身的必要前提。

喝酒的猩猩

森林裡住著一群猩猩，牠們喜歡喝酒，還喜歡穿著草鞋學人走路。

獵人就選了一塊空地，放上幾罈甜酒，擺上大大小小的酒杯，還編了許多草鞋，用草繩串起來放在旁邊。

猩猩們一看這個陣勢，就知道是獵人設下的圈套。

牠們坐在樹上，高聲叫道：「你們放幾罈甜酒、幾雙草鞋就想讓我們上當？甜酒、草鞋是什麼好玩意兒，我們就那麼嘴饞嗎！」

罵著罵著，覺得嘴巴有點乾，鼻子還聞到陣陣酒香。

有隻猩猩忍不住了：「喂，弟兄們，這些傻瓜既然為我們準備了這麼多甜酒，我們為什麼不去嚐它一小杯呢？不喝白不喝，我們少喝一點兒。不喝醉，不上當就是了。」

牠的提議正合大家的心意，猩猩們紛紛溜下樹來。

牠們先拿小杯喝，一邊喝，一邊還在罵設下圈套的獵人。喝著喝著，覺得小杯太麻煩，就換了大一點的酒杯。

牠們越喝越覺得酒味噴香，滿嘴香甜，最後乾脆抓起大缸子往嘴裡灌。一會兒，猩猩們就喝得酩酊大醉，雙眼矇矓，腳步踉蹌，一個個發起酒瘋來了。

牠們追逐嬉鬧，廝打咬架，又把草鞋套到腳上，東倒西歪地學人走路。

這時候，埋伏在周圍的獵人隨著一聲鑼響，撲向猩猩。喝醉的猩猩想往森林裡逃，卻被腳下的草繩紛紛絆倒，最後都被捉住了。

☘ 人應該有控制自己的能力，要善於自我約束，防微杜漸，不該說的話絕不說，不該做的事絕不做，以免為了貪圖物質享受、追逐蠅頭小利而鑄成大錯。

紐約的律師

紐約城一位專門以受理離婚案來賺錢的律師，死後來到聖彼得面前。

「你憑什麼配得永福呢？」聖彼得問。

律師說他那天在街上給了一位乞丐一個二十五分錢的鎳幣。

聖彼得點了一下頭，然後轉過身問他的助手加百列：

「這事有記載嗎？」

加百列點了點頭，但是聖彼得對律師說這還不夠條件。

「等一下，等一下，還有，」律師說，「一星期以前，我絆倒了一位無家可歸的小男孩，並給了他一個二十五分錢的鎳幣。」

加百列核對了一下記錄，並且證實了律師的話。

聖彼得沉思了一會兒後，問加百列：「我們該怎麼辦呢？」

加百列看了律師一眼說：「我想我們還是給他五十分錢，叫他到地獄裡去算了。」

為人須行善積德做好事，這樣到老的時候才能心安理得。做一件好事不難，難的是做一輩子好事，不做壞事。因其難，故愈顯可貴。

兩個扒手的孩子

有一個扒手的技術非常厲害，他想到倫敦去碰碰運氣。後來，他扒遍了整個倫敦都沒被抓到。

一天，他正在牛津街上忙著，突然發現自己的錢包被人偷走了。他向四周張望了一下，看到一個非常迷人的金髮女孩正向遠處走去。他一眼就看出那正是偷他錢包的人，於是他跟了上去，很快就從她身上把錢包偷了回來。由於他很佩服這個女孩高明的偷術，就建議她與自己合夥，之後，他們也一直未被抓到。

後來，這個扒手又想：「我們已經是全倫敦最了不起的扒手了。如果我們結婚的話，肯定能生出一大群世界上最偉大的扒手來。」於是他就向女孩求婚，女孩愉快地接受了。

兩個扒手結婚後不到一年，就有了一個很漂亮的兒子。但這個孩子的右手有些畸形，他的胳膊總是彎在胸前，那小小的手永遠握著拳頭，無論用什麼辦法都不能使他的手指伸直。

兩個扒手非常傷心，他們說：「他永遠不能成為一個扒手，因為他的右手一定癱瘓了。」

他們把孩子帶到醫生那兒，醫生說孩子還太小，必須再等幾年。但是他們不願意等，所以又去找別的醫生。最後，因為他們現在已經非常有錢了，他們來到一個最好的小兒科醫生面前。

這個小兒科醫生掏出一塊金錶，想測定一下那條癱瘓手臂的脈搏。

他說：「似乎沒有什麼不正常。你們看，這孩子多麼聰明，他的兩隻眼睛正盯著我的金錶呢。」他把錶鏈從鈕扣上解下來，將錶在孩子的眼前來回晃動，孩子的眼睛依然緊緊地追隨著它。突然，那條細小的、彎曲著的手臂開始伸直了，他伸向那塊金錶。那隻一直握著的拳頭也張開了，他想抓住那塊錶。

正在這時，只聽到「噹」的一聲，從手心裡掉下一只助產士的結婚戒指來。

「上梁不正下梁歪。」大人對小孩、上司對下屬的影響是非常大的。為了擁有一個健康的家庭乃至一個健康的社會，一定要嚴格約束自己的言行，堅持走正路。

英雄和獨木橋

有一次，很多老百姓聚集在一個懸崖上面，要架一條獨木橋到對岸的懸崖上，那兩個懸崖之間有一道很深很深的、水又流得很急的河溝。大家運來了一條又大又堅固的梁木。於是，他們用很粗的繩索捆住梁木的兩端，拉著一端的繩索把梁木放下到河溝裡去，讓一部分人攀著岩石爬下河溝，以便涉水過去，再爬上那邊的懸崖，然後兩邊的人同時拉著繩索，把梁木拉上去，就可以把橋架好了。

但是，那河溝裡的水卻實在太急了，那些涉水的人有好幾個被水沖走了，有一兩個就在倉猝之間殉了難，其餘的人都退縮了回來。再也不敢向前，而那梁木也快要被水沖走了。看起來，這獨木橋一時是架不起來了。可是，在這些老百姓當中卻有一個人，膽子和力氣都比別人大，他在危急之中特別奮力，在急流中掙扎，拉住梁木，而且終於渡過對面，爬上懸崖，把橋架起來了。

這樣，這個人的功勞特別大，他的同伴們都很感激，把他尊崇為英雄。他們拿了一大罈的酒和整隻烤羊來宴請他，還叫石匠來把他的名字刻在河溝旁邊的石壁上。

大家做這些事情，都是真心真意的，因為他們誠心感激他、尊敬他，而且熱愛他。不料，這個人竟因此逐漸變得萬分地傲慢，儼然以一個酋長自居了，開始在村莊中橫行霸道了起來。

大家最初還忍耐著，但有一天他竟當眾宣言道：「沒有我，你們連一條獨木橋都架不起來！現在，你們看，我就要把它丟進河裡去，看你們怎麼辦！」

大家還以為他在開玩笑呢，而他卻真的提起橋木的一端，「碰」地一下丟進河溝裡去了。

老百姓們真的無法再忍耐了，一起跑了過去，也提起他的兩腳把他一丟，丟進河溝裡去了。老百姓當天就把石壁上他的名字也刨掉，而且很快就重新架起了獨木橋。

對大家立了功，大家自然崇敬你；但如果你就因此蔑視其他人，甚至想騎在大家身上而做些損害其他人的事情，那麼，人們是不會縱容你的。

獨特的考試方式

某知名中學想招收一批新生，費斯所在的學校也得到了一個名額的錄取資格。當然，所有的學生都躍躍欲試。

這家中學考試的方式很獨特，他們給每個報名的孩子發了一些黃豆，並宣佈：只能自己做，不能依靠家長。兩星期後，誰的豆芽長得最長，誰將被錄取。

孩子們領回黃豆種子後，開始了精心的培育，從早到晚澆水，控制溫度，還紛紛讓爸爸媽媽幫忙，誰都希望自己能夠成為幸運者。

費斯也整天精心呵護黃豆。但是，三天過去了，五天過去了，一個星期過去了，黃豆居然根本沒有發芽！苦惱的費斯只好去請教母親，母親建議他把溫度升高些，但依然無效，母子倆束手無策。

又一星期過去了。無數個學生聚集到面試的教室，他們各自捧著長得長長的一盆豆芽，用期盼的目光看著主考老師。

主考老師看見了兩手空空的費斯。他無精打采地站在旁邊，眼角還有淚光。

主考老師把他叫到面前，問他：「你為什麼沒有帶來自己的豆芽？」

費斯抽咽著，他把自己如何精心照顧，還請教了母親，但豆子始終沒有發芽的經過說了一遍。

沒想到，主考老師的臉上卻露出了最開心的笑容，在證實其他孩子果然都生出了豆芽之後，宣佈：「費斯被錄取了！」

「為什麼會這樣？」所有的考生不解地問主考老師。

主考老師說：「我們發下的黃豆全部是經過高溫煮熟的，根本就不可能發芽。」

量好了自己豆芽長度的孩子們都低下了頭！

不管時代怎麼發展，社會怎麼變遷，都不要忘了：誠實是做人的根本！

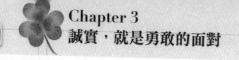

披著孔雀羽毛的烏鴉

有一次，一隻烏鴉在自己的尾巴上插滿了孔雀的羽毛。牠心滿意足，想入非非，以為親友們一定會羨慕牠華麗璀璨的羽毛，對牠刮目相看；而孔雀們呢，一定會為發現了一位新姐妹而欣喜若狂。

於是，烏鴉就昂首挺胸、神氣十足地跑到孔雀面前。

可是，事與願違：孔雀們憤怒地圍攏，向烏鴉亂啄亂咬，拔去牠的羽毛。烏鴉喪魂落魄，等到衝出重圍時，身上的羽毛已經所剩無幾了。

這隻烏鴉厚著臉皮，又回到烏鴉群裡。可是，牠的外貌古里古怪，不倫不類，既不像烏鴉，更不是孔雀，別的烏鴉認不出牠，對牠漠然置之。

不要把別人的成果攫為己有，招搖撞騙，欺世盜名；否則，真相敗露，就會處於滑稽可笑的境地。

博學多識的人

楚地有個文人，其博學多識的名聲並不亞於魏人。

一天，他得了一個形狀像馬的古物，造得十分精緻，頸毛與尾巴俱全，只是背部有個洞。文人怎麼也想不出它究竟是做什麼用的，就到處打聽，可是問遍了街坊遠近許多人，都沒一個人認識這是什麼東西。

只有一個號稱見多識廣的人聽到消息後找上門來，研究了一番這古物，然後慢條斯理地說：「古代有犀牛形狀的酒杯，也有大象形狀的酒杯，這個東西大概是馬形酒杯吧？」

文人一聽大喜，把它裝進箱子收藏起來，每當設宴款待貴客時，就拿出來盛酒。

有一次，仇山人偶然經過這個文人家，看到他用這個東西盛酒，便驚愕地說：「你從什麼地方得到的這個東西？這是尿壺呀，也就是那些貴婦人所說的『獸子』，怎麼可以用來做酒杯呢？」

文人聽了這話，臉刷地一下子紅到了耳朵根，羞慚得恨不得立刻在地上挖個洞鑽進去，趕緊把那古物扔得遠遠的。

「說老實話，辦老實事，做老實人」是每個人都應該奉行的為人之道。那些企圖依靠吹噓或欺騙手段爭得名利的人，常常會出盡洋相，得不償失。

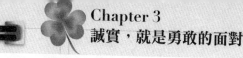

小酒店

在一個繁華的小鎮上住著一對夫婦，他們在小鎮上開了一家小酒店，丈夫負責進料釀酒，妻子負責賣酒，每次都是丈夫把酒裝好封好後，妻子直接拿給客人。

由於他們的酒質香醇，回頭客很多，日子過得很好，生意也越做越旺，小店的名氣也越來越大。一個大酒商看上了這個小酒店打算和他們合作，於是邀請丈夫前去商談。

半個月後，當他回來時，大吃一驚，原先熱鬧的店門口現在卻不見幾個人來喝酒。

他急忙走進去，找到他的妻子，只見妻子正在做飯，丈夫不由得著急地問：「這是怎麼了，怎麼這麼少的人來我們這兒喝酒？」

他的妻子非但不著急，反而神祕地拉了拉他的衣袖，指著一罈酒說：「當家的，你別著急，你走的這半個月我多賺了不少錢呢！你看，我把你以前封好的酒倒出一半，再加入涼水，這樣我們就多賺了一倍的錢呢！」

丈夫長歎一聲，說道：「妳這個蠢女人呀，妳這樣做能騙得了一時，但能騙得了一世嗎？妳看現在還有誰敢來我們這兒喝酒！」

做生意，恪守品德是非常重要的。靠欺騙別人過日子的人，很難維持興旺發達。

意外的結果

有一對年輕的夫婦，結婚一個月之後，妻子想要回娘家看看，就邀丈夫和她一起回家。

妻子對丈夫說：「我們這一次回家，無論是對父母，或對親朋好友都要有禮貌，不要魯莽或有失禮的地方，好嗎？」

丈夫就對妻子說：「妳放心吧！我一定不會讓妳丟臉，也不會讓岳父岳母失望。」

到了娘家後，妻子就和父母聊起近況來了，丈夫就東看看、西看看，這裡走走，那裡逛逛的。

不知不覺地，丈夫走到米房來了，看到了成堆的白米，想到自己也有點兒餓了，就順手抓了一把白米，往嘴裡塞，塞滿了一口的白米，恰巧這個時候，妻子也走進米房來了，丈夫一時白米吞不下去，也吐不出來。

妻子看到他痛苦的樣子，就問他：「你怎麼了？哪裡不舒服？」

丈夫根本就說不出話來，妻子看他不說話，更是疑惑，就走近看看他，才發現丈夫臉腮部都凸起來了。

妻子立刻帶著丈夫去見她父親說：「爸爸！你看！你的女婿不知為什麼，兩腮都腫起來了，可能口腔有毛病，趕快請醫生來為他看病吧！」

妻子一直緊隨著丈夫，所以丈夫一點兒逃避的機會都沒有，他心裡暗暗叫苦：「該怎麼辦呢？」

不久，醫生來了，醫生看了一下凸起的臉腮就說：「這是無名腫瘤，要趕快開刀，否則會有生命危險！」於是，就為丈夫開刀了，結果，取出來的卻是一把白米。大家才知道原來是他偷吃白米而造成的，害得四個人都很尷尬。

對岳父來說，該是罵女婿，還是不罵？對妻子來說，丈夫可是真丟臉！對丈夫來說，偷吃白米，結果白挨一刀，害得大家白忙一場。對醫生來說，他更是窘極了，他診斷是無名腫瘤，開完刀拿出來的卻是把白米。

光明磊落才是正人君子的作為。
坦承錯誤，在錯誤中學習成長，才會讓自己愈來愈好！

敢跳舞的誠實人

北非某國的國王張榜求賢，準備選一個誠實的人，為他徵款收稅。為了保證這個人對國王盡忠盡力，不貪污，不弄虛作假，謀士們紛紛出謀獻策。其中一個謀士對國王說：「陛下，等那些應徵者來到宮內，您只要如此這般，我就能從中給您尋覓到最誠實的人。」國王聽後連聲稱妙。

第二天，所有應徵者都被喚至王宮，應徵者看著這富麗堂皇的建築，嘖嘖稱奇，他們對稅官這塊肥缺早已垂涎三尺，今天總算有個自由競爭的機會，可是國王究竟要考他們些什麼呢，沒有人知道。

謀士要他們從走廊單獨過去見國王。

走廊裡光線暗淡。所有應徵者都順利走過走廊，來到國王面前。國王說：「來吧，先生們，拉起手來跳個舞。我想知道你們諸位中，誰的舞姿最優美。」

豪華的宮殿上，吊著藍色精巧的大宮燈，燈上微微顫動的流蘇，配合著閃光的地板和低低垂下的天鵝絨藍色帷幔，給人一種迷離恍惚的感覺。當音樂抑揚疾緩地響起時，絕大多數應徵者頓時傻了眼，臉色漸漸由白變紅，羞愧難堪。這時，只有一個人毫無顧忌地跳起歡快的舞，顯得那麼輕鬆自如。

聰明的謀士指著那個正在翩翩起舞的人說：「陛下，這就是您要找的誠實人。」原來，謀士在光線暗淡的走廊上放了好幾筐金幣，凡是單獨穿過走廊在自己衣袋中裝有金幣的人，就不敢跳舞。如果一跳舞，衣袋中的金幣就會叮噹作響。因此，不敢跳舞的人就不是誠實的人。而那個誠實的人單獨穿過走廊時，不會把金幣私自裝入腰包，當然就不怕跳舞露餡了。

國王走下寶座，拉著那個誠實的人，高興地說：「你能夠不為金錢所動，真是好榜樣。」

喪失了財富，其實沒喪失什麼；喪失了健康，等於喪失了某種東西；但喪失了品德，就一切都喪失了。世界上最聰明的人是最老實的人。

財產繼承者

從前有一個富翁，他有三個兒子。在他年事已高的時候，富翁決定把自己的財產全部留給三個兒子中的一個。可是，到底要把財產留給哪一個兒子呢？富翁於是想出了一個辦法：他要三兒子都花一年時間去遊歷世界，回來之後看誰做了最高尚的事情，誰就是財產的繼承者。

一年時間很快就過去了，三個兒子陸續回到家中。富翁要三個人都說說自己的經歷。大兒子得意地說：「我在遊歷世界的時候，遇到了一個陌生人，他十分信任我，把一袋金幣交給我保管，可是那個人卻意外去世了，我就把那袋金幣原封不動地交還給了他的家人。」

二兒子自信地說：「當我旅行到一個貧窮落後的村落時，看到一個可憐的小乞丐不幸掉到湖裡了，我立即跳下馬，從河裡把他救了起來，並留給他一筆錢。」

三兒子猶豫地說：「我，我沒有遇到兩個哥哥碰到的那種事，在我旅行的時候遇到了一個人，他很想得到我的錢袋，一路上千方百計地害我，我差點死在他手上。可是有一天我經過懸崖邊，看到那個人正在懸崖邊的一棵樹下睡覺，當時我只要抬一抬腳就可以輕鬆地把他踢到懸崖下，但我想了想，覺得不能這麼做，正打算走，又擔心他一翻身掉下懸崖，就叫醒了他，然後繼續趕路了。這實在算不了什麼有意義的經歷。」

富翁聽完三個兒子的話，點了點頭說道：「誠實、見義勇為都是一個人應有的品質，稱不上是高尚。有機會報仇卻放棄，反而幫助自己的仇人脫離危險的寬容之心才是最高尚的。我的全部財產都是老三的了。」

恩將仇報的人和事是屢見不鮮的。有機會報仇卻放棄，反而幫助自己的仇人脫離危險的人和事並不多見。

尤里西斯的夥伴

希臘伊達克的國王尤里西斯與他的夥伴們，在經歷了為期十年的特洛伊戰爭的殊死搏鬥後，在回歸故里的途中，又在海上四處漂泊，與海風惡浪和變化多端的命運抗爭。

這一天他們在一個小島靠了岸。

這裡是太陽神的女兒西爾賽管轄的島嶼，當尤里西斯途經此地時，她讓尤里西斯的夥伴們喝了一種甜美的魔酒，酒裡摻入了一種致命的毒物。結果，尤里西斯的夥伴們失去了人的理智，一會兒工夫，他們的臉龐和肢體開始變成了各種動物的模樣和神態，他們變成了大象、獅子和熊。有的龐大無比，有的則嬌小玲瓏，像隻鼴鼠。只有尤里西斯一人躲過了這場災難，因為他提防了西爾賽這害人的伎倆。

尤里西斯聰明且有英武之貌，風度翩翩又溫文爾雅。他使得西爾賽也如同喝了甜美魔酒一般，身不由己地墜入情網。這位仙女向尤里西斯傾訴了自己烈焰般的愛情，尤里西斯藉此機會，用自己的智慧，終於促使她答應讓他的同伴——這些希臘人恢復成人。

「他們真想嗎？他們會接受你的建議嗎？」仙女西爾賽半信半疑地說，「你這就去問問他們看看。」

尤里西斯跑到變成各種動物的同伴處，對他們說：「你們喝的那杯毒酒現在仍繼續在發揮著藥效，我是特意趕來解救你們的。親愛的夥伴們，你們應該樂意再恢復成人吧？

現在你們已經有講話的能力了。」

獅子說話了，牠好久沒講話，一說起來幾乎是大聲地喊叫：「我的頭腦還沒有傻到如此地步，放棄我剛剛獲得的這份優厚的生活待遇！我有尖牙利爪，誰惹惱了我，我就把他撕成碎片。我現在是獸中的國王，難道我還會重新到伊達克國去作一個小小的市民？也許你還想讓我重新回到你的身邊當一名普通士兵，不過我不想改變目前的狀況。」

在獅子處碰了一鼻子灰，尤里西斯又來到了熊那裡：「嗨，我的好兄弟，看你成了什麼模樣！過去的你多麼英俊瀟灑。」

「啊，真的我們又相聚了，」熊接著話說下去，「我現在的模樣是什麼樣子？就是一隻熊該有的樣子。怎麼能說誰的樣子就比我強？難道非要用你的標準來評價我的好惡？在母熊的眼裡我就是牠的白馬王子。我的話傷了你的心吧，那你就走好了，讓我留下來。我活得自由自在，無憂無慮，很知足，現在乾脆跟你挑明說吧，我不想改變我目前的狀況。」

希臘王子又向狼建議，並試圖說服牠恢復人形。他說：「夥伴啊，我真為你感到羞愧，一個年輕漂亮的牧羊女逢人便說你是多麼的貪婪，你吃了她許多羊，過去你還曾經保護過她的羊群呢，你過的是正直充實的生活。可是如今呢？離開森林吧，你不要作令人憎惡的狼了，重新回到善良的人當中吧！」

「你是善良的人嗎？」狼反問道，「我真是看不出來。你把我當成了兇殘的動物，你這樣對我說話，你又算是什麼正人君子呢？沒有狼，你們不照樣宰吃這些羊嗎？村子裡的人照樣為之叫苦連天。假如我是人，照你講的道理，是不應濫殺無辜的，但為什麼你們常常因一句話不投機就大開殺戒？你們這不也是狼的行為嗎？經過深思熟慮後，我要對你講，既然都是壞東西，我想寧願當狼也比做人強。我絕不會改變現狀。」

尤里西斯苦口婆心地對夥伴們反覆作了相同的勸說工作，可是大小各類動物的回答竟如出一轍，他們需要的是自由、森林以及為所欲為。

夥伴們全都拒絕過人類真正的生活，以為放縱自己就能得到解脫，獲得新生，然而他們沒有想到，他們恰恰又淪為自己欲望的奴隸。

> ♣ 擁有理智，善於克制和約束自己，有所為有所不為，才能成為一個真正的人。

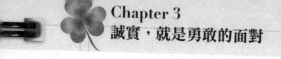

砂鍋和鐵鍋

鐵鍋向砂鍋建議，去作一次旅行。

砂鍋婉言謝絕。它說：「聰明人應該待在爐子邊。」對它來說哪怕是任何一件微不足道的小事，就可能使它粉身碎骨，它歸來時只能成為碎片。

「至於你，」它說，「你的皮比我的硬，我看沒有什麼東西可以阻攔你。」

「我可以掩護你，」鐵鍋接著說，「要是有什麼硬的東西突然威脅到你的安全，我會站在你之間，一下就把你救出來。」

砂鍋最後被這個建議說服了，答應和鐵鍋結伴同行。於是這兩個傢伙就上路了，它們走起路來一拐一拐，總是跌跌撞撞的，不是這個碰到那個身上，就是這個跌到那個身上。砂鍋很痛苦，還沒有走上百步，就被它的同伴撞成碎片，想抱怨也來不及了。

在生活中交往和擇友時，別忘了彼此要有大致相當的各種條件；如果彼此差異過大，就可能容易產生摩擦和衝突，很難和諧相處。

楊樹和葡萄藤

有一棵楊樹，和所有的楊樹一樣，長得非常快。楊樹芽一天比一天增大，這種速度是其他樹木無法比的。不過，這棵楊樹由於太孤單，感到很悲傷。

「如果有人陪伴該多好啊！」楊樹自言自語，「我和葡萄藤可以結婚嗎？」

「胡說八道！」楊樹的一個同伴說，「我們楊樹生下來就是要長，要超過其他樹木。你為什麼要把葡萄藤弄到你的身邊？」

「沒有她，我怎麼辦？」楊樹為自己辯護。

它不顧一切，舉行了婚禮。楊樹和葡萄藤結合了，確切點說，是楊樹同意葡萄藤靠著它的枝幹爬上來。它們倆的結局是不同的：葡萄藤結出許多葡萄；楊樹什麼果子也沒有結。一天，農夫發現葡萄藤纏在楊樹幹上，他擔心楊樹一職使勁地向高長，會把葡萄藤拔出地面，為了阻止它生長，就給它剪枝。

這樣，一年又一年，枝枒老是被農夫剪掉，綠色楊樹成了癱瘓病人和殘廢，僅僅能夠支撐著它幸運的伴侶——葡萄藤。

物以類聚，人以群分。不要選擇和你志向及能力差異過大的人做朋友，否則就會限制你的發展。

被農夫抓住的鴇

一個農夫在地裡剛剛播了種，可是鶴和大雁幾乎天天光臨，將他剛播下的種子都吃光了。農夫只好在地裡設了許多捕鳥的網和繩套。

結果，有一隻鴇也被抓住了。牠的一隻腳被牢牢扣住，逃脫不了。牠只好對農夫說：「請求你放了我吧！因為我既不屬於鶴類，也不屬於雁類。我只是一隻鴇，是一種非常溫順的鳥呀！我從不傷害別的鳥，我一直都敬重前輩，孝敬牠們，即便牠們老了，也從不離棄牠們。再說，我可從來沒有做過什麼壞事呀。」

農夫聽了卻答道：「是的，你剛才所說的一切，我並非不知道，我很瞭解你。但是，如今我將你連同鶴和雁一起抓住了，牠們是做了許多壞事的，現在你也就只好與牠們一起同歸於盡了。」

近朱者赤，近墨者黑。擇友不可不慎重，要小心別跟壞人混在一起；否則，就可能使自己受到無辜的牽連。

一群鸕鶿和一位漁夫

一群鸕鶿辛辛苦苦跟著一位漁民十幾年，立下了汗馬功勞。不過隨著年齡的增長，腿腳不靈便，眼睛也不好了，捕魚的數量越來越少。不得已，漁民又買了幾隻小鸕鶿，經過簡單訓練，便讓新老鸕鶿一起出海捕魚。

很快，新買的鸕鶿學會了捕魚的本領，漁民很高興。

新來的鸕鶿很知足：只做了一點兒微不足道的工作，主人就對自己這麼好，於是一個個拼命地為主人工作。而那幾隻老鸕鶿就慘了，吃的住的都比新來的鸕鶿差遠了。不久，幾隻老鸕鶿瘦得皮包骨頭，奄奄一息，於是被主人殺掉燉了湯。

一天，幾隻新買來的鸕鶿突然集體罷工，一個個蜷縮在船頭，任憑漁民如何驅趕，也不肯下海捕魚。

漁民抱怨說：「我待你們不薄呀，每天讓你們吃著鮮嫩的小魚，住著舒適的窩棚，時不時還讓你們休息一天半天。你們不思回報，怎麼這麼沒良心呀！」

一隻年輕的鸕鶿發話了：「主人呀，現在我們身強力壯，有吃有喝，但老了，還不是會落個像那群老鸕鶿一樣的下場？」

做事一定要考慮周全，避免別人的誤會和不愉快的聯想。

畫家和神父

一個禮拜六，神父前去為自己的教友們舉行祝禱儀式，並募集資金用來建造教堂。傍晚，神父來到一位畫家的宅邸。神父登臨畫室，開始虔誠地用塵拂揮灑聖水，結果不小心把正在著色的一幅壁畫給汙損了。

看見自己心愛的作品被糟蹋了，畫家怒不可遏。

神父為開脫自己的過失，開始安慰地說：「不要發火，我的信徒，這是經常發生的事情。我是按照主的旨意行事！我之所以這樣做，因為這是在行善呀。每一個遵守教規的人，都應該對上帝的話深信不疑，上帝對塵世間的每一個善舉都要給予百倍酬報。要記住我的話，千萬不要生氣。」等到搖唇鼓舌的神父走出畫室時，畫家徑直跑到窗口。

看見神父走到街上，畫家提起一桶水，對準他的頭頂倒了下去。

「請收下這桶水吧，神父！」畫家提高嗓門喊道，「這就是為你毀壞我的壁畫，上帝給你的百倍酬報！百倍酬報！」

當我們無意間犯下錯誤或得罪了別人的時候，要採取正確的態度，千萬不要為了辯解和為自己開脫責任而尋找冠冕堂皇的藉口；否則，就要為自己的行為承擔責任，付出更大的代價。

Living without an aim is like sailing without a compa

Chapter 4

不爭的人，才能看清事實

Beware beginning

懶惰的年輕人

天黑了，所有的年輕人都聚在茅舍裡睡覺。
其中一個對另一個說：「朋友，把門關上！」
可是那個年輕人回答說：「你在幹嘛，為什麼你自己不關呢？」大家都不吭聲了。
後來又有一個年輕人說：「朋友，把門關上！」
有人回答說：「算了，就這樣睡吧。誰走運，誰就能保住性命！」
半夜裡來了一隻獅子，把躺在靠外邊的一個年輕人拖走了。
這時候有一個年輕人又說：「朋友們，咱們把門關起來吧！獅子已經拖走了一個夥伴啦！」但是其他的人都說：「你自己去關吧！」於是，他們又照老樣子睡覺了。結果獅子一個接一個的，把所有的人都給拖走了。

生活中的事物都是普遍聯繫的。遇事不要採取「事不關己，高高掛起」的態度，那樣才能避免很多意外的悲劇。

小豹

一天，小豹獨自從家裡跑到草原上去，那兒正好有一群象在吃草。牠因為年紀太輕，不知道什麼危險，結果被一隻象無心地踏死了。不久，死豹被別的豹發現了。牠們奔到老豹那兒，把這不幸的事告訴牠。

老豹聽了很傷心：「啊呀，是誰殺死的？你們告訴我，我要替牠報仇！」

「是象殺死的。」那些豹回答。

「怎麼是象？」老豹詫異地問。

「是啊，是象！」牠們重複道。

老豹想了一想：「不，不是象，是山羊殺死的。是的，是山羊。我兒子就是牠們殺死的！」

老豹勃然大怒，找到了一群在山上吃草的山羊，把牠們全都殺了。

當一個懦夫或卑鄙的小人被強者欺侮了的時候，往往拿弱者來洩恨。而真正的英雄和大丈夫，總是恩怨分明，絕不會亂傷無辜。

喜歡發怒的鬥牛

鬥牛在牧場上住下來，給羊群和牛群帶來了災害。牧人們不停地抱怨：「哎，我們不敢把牲口趕到牧場上去冒險，說不定，一個活的也不剩……」

不過，牧人們發現，那頭野獸很恨紅顏色。一位牧人向同伴提出建議：「我們騙騙牠怎麼樣？」

他們用一塊紅布把一棵大樹包上，然後躲起來。

鬥牛氣喘吁吁，一分鐘也沒有等待，看見了紅顏色的樹幹，就低下頭用力去頂，牛角卡在樹裡，發出可怕的轟響。不久，鬥牛就死了。

西方的格言說：「不輕易發怒，勝於勇士。」「憤怒以愚蠢開始，以後悔告終。」在採取行動的時候，要保持冷靜沉著，千萬不要衝動和失去理智。

喜歡吹牛的異鄉人

從前，地處偏僻的托斯干鎮來了一位異鄉人。為了把自己扮成地位顯赫的大人物，引起人們注目，他開始把自己的家鄉城市吹得天花亂墜。按照他的說法，那裡一切都應有盡有。當然了，像托斯干鎮這塊窮鄉僻壤是無法和他的家鄉城市相提並論的。

人們把這位能說會道的來客圍了起來。接著，鎮上一位德高望重、學識廣博的智者向圍觀的人群走來，看熱鬧。

鎮上的智者聽了異鄉人高談闊論，沉默片刻，便十分禮貌地打斷他的話，說：「假如您確實誕生在那遙遠的地方——也就是說，您對我們所說的都是千真萬確的話，那麼就沒什麼好爭論的了。」異鄉人聽了這番話更是受寵若驚，神氣活現地挺起胸脯，雙手叉腰，用高傲自負的目光環視了眾人，似乎表示：看看我們那裡的人多麼出類拔萃！

深諳世情的鎮上智者接著說：「您的家鄉城市是最殷勤好客的，充滿了稀奇古怪的事情，我們對這些情況確信不疑。不過，現在我們印象最深的是，在我們這塊窮鄉僻壤，還從來沒見過像你這樣稀奇古怪只會說大話的蠢貨！」

> 你可能可以欺騙一些人，也可能在某些時候欺騙某些人，但是，你不可能在所有時候欺騙所有人。做人還是誠實、實在些好，不要試圖依靠吹牛說大話來吸引別人的目光。

青蛙和老鼠

一隻老鼠飽食終日，長得肥碩豐滿，從來不知道要在什麼時候忌口。一次牠在沼澤地旁嬉戲，一隻青蛙蹦過來對牠說：「請賞光到我家，我請您吃一頓大餐。」

老鼠愉快地接受了邀請。於是，青蛙便口若懸河般地講起牠們游泳的快樂，旅行的趣味，以及沼澤地裡發生的奇聞軼事，大概是想讓老鼠今後有故事給兒孫說說沼澤地的風土人情、人文景觀吧。但老鼠邊聽邊煩惱，因為牠不大會游泳，得經人幫助，否則難以成行。青蛙趕緊替牠想了個辦法：牠要老鼠把爪子綁在自己的後腳上，用燈芯草死死捆住。

一進沼澤地，青蛙就使勁地把老鼠往水裡拖。牠的做法確實是缺德之舉，牠心裡正打著如意算盤：「這肥老鼠真是一道美味的菜，大吃大嚼一定很過癮。」在想像中，青蛙這壞小子已把老鼠嚼得嘎吱直響。

老鼠此時祈禱上蒼保佑自己，而青蛙卻嘲笑牠膽子太小，並拼命地把牠往水中拉。

就在老鼠奮力掙扎的時候，一隻老鷹在天空盤旋覓食，正巧看到了肥碩的老鼠，便俯衝下來把老鼠抓住了。因為燈芯草捆著老鼠和青蛙，所以，老鷹一下子捕獲到兩份獵物，心裡非常高興：這頓晚餐可真是夠豐盛的了！

算計別人的人，最後往往反而害了自己，陰謀者經常搬起石頭砸自己的腳。

偽裝成牧羊人的狼

有隻狼由於難得逮著附近的羊，決定要改變一下自己的模樣，好好學一下狐狸的伎倆。

這會兒，牠穿上牧羊人的服裝，套上坎肩，找了根木棍做牧杖，為了裝得更像，沒忘記帶著牧羊人的笛子，並在帽子上寫上：「我是居約，是這群羊的放牧人。」牠學著用前爪抓著牧杖，躡手躡腳地靠近了羊群。

真正的牧羊人居約則正躺在草地上小憩。他的狗、大多數羊和他的笛子都沒有發出一點聲音，好像都進入了夢鄉。

為了把一些羊趕到密林之中，偽裝的狼學著居約的聲音加上幾聲吆喝。誰知這一下露了餡，狼的嗥叫根本不像牧羊人的聲音，大家都被這醜陋的聲音驚醒，人人喊打。可憐的狼被自己的裝束絆倒，只好束手就擒。

騙子總不能偽裝長久，終究會露餡的。

以狼為師的狐狸

狐狸對狼說：「親愛的，我的飯菜通常總是一隻老公雞，不然就是些瘦小雞。見到這些飯菜我就倒胃口。你的飯菜比我的豐富得多，所擔的風險又小，我必須走近住宅，而你躲在一旁就行了。把你的本事教給我吧，好哥兒們！讓我成為狐狸中最棒的一隻，能在鐵叉上燒烤一隻肥羊慢慢享用。我絕不會忘恩負義的。」

狼滿意地說：「我樂意為你效勞。我的一個兄弟不幸死了，你趕緊去把牠的皮拿來穿上。」

待狐狸正欲去取狼皮，狼又說道：「假如你想甩掉看守羊群的獵狗，你非得學會一些必要的本領不可。」

狐狸披上了狼皮，反覆操練著牠的狼老師告訴牠的動作要領。

剛開始時的動作還不太像，但是到後來就十分逼真了，簡直惟妙惟肖到能以假亂真。

正當牠剛學好這套本領時，恰巧有群羊從此地經過。這隻披著狼皮的狐狸立刻奔了過去，一時間恐怖氣氛籠罩了山野。

羊群彷彿是看到了地球就要滅亡一般，狗、羊群和牧羊人都朝村子裡狂奔逃命，只有一隻母羊跑得慢，快被這個披著狼皮的強盜抓住了。可是就在幾步之遙時，狐狸聽到一隻公雞鳴叫了起來，這個不合格的學生馬上轉頭朝公雞奔了過去，把牠老師給的那件狼皮工作服丟在了地上。

什麼母山羊、動作要領、輔導教師啦，一起全都拋到了腦後，牠嚮往的獵物還是那隻令牠垂涎的雞。

評價和判斷一個人所依據的標準，不是一個人外表和偽裝，而是他的內在品格和慣常的所作所為。偽裝得再好，終究也難改本性。

藏在岩石下面的螃蟹

機靈的螃蟹和一群小魚小心地圍繞著一塊岩石漫游，不敢貿然地闖入激流。水清澈透明，魚兒高興地游來游去，享受著光與影的樂趣。

夜色降臨，聰明的螃蟹藏在岩石下面。牠好似隱蔽在洞裡的猛獸，從牠躲藏的地方窺探著小魚的行動。啊，小魚靠近啦！螃蟹夾住小魚，把牠吃掉了。

「你這樣做可不好，」岩石嘟嘟噥噥，「你利用我加害無辜的小魚！」

螃蟹不以為然地聳聳肩膀，依舊繼續幹著抓魚的勾當。

一天，河水突然氾濫。洪水的力量是那樣大，沖得岩石在河床上滾，結果把藏在石頭下面的螃蟹壓扁了。

俗話說，防人之心不可無，害人之心不可有。不管一個人試圖採用什麼樣的手段害人，最終都可能給自己帶來傷害。做人正直光明，生活中才能坦然、平安。

孤芳自賞的旋花

在陽光下，一枝風姿婀娜的旋花熠熠閃動著碧綠的葉簇。旋花一邊顧影自憐，一邊在鄰居面前炫耀自己的芳容。旁邊一棵枯瘦的老樹幹無動於衷的神態特別令旋花氣惱。

「喂，你這個老傢伙！」旋花對老樹幹說，「你為什麼老是在我腳下踏來踏去？你該挪挪窩了。從我面前滾開吧！」

老樹幹裝作沒聽見的樣子，默不作聲，想著自己的心事。於是，好生是非的旋花又朝在厚牆周圍長滿密叢的黑刺李發起火來了：「喂，黑刺李！老弟，你身上那些可惡的棘刺讓人看了怪不舒服的——太刺眼了。你當真不知道你的葉子擋住了我的光線？你把葉子挪動挪動！」

但是正忙於自己事情的黑刺李覺得不屑於回答這些，便拿它當耳邊風而沒加理睬。

一隻正在曬太陽的老蜥蜴看到這番情景忍不住地責備說：「輕浮的旋花，你怎麼蠢到如此地步！你要知道，正是依靠這棵老樹幹你才得以扶搖直上，攀援著它，你才能往上生長。難道你不明白，要不是黑刺李的棘刺，你這可憐的傢伙早就被那些過往的客人踩死了！」

氣急敗壞的旋花很想予以反駁，但是老蜥蜴犀利的話鋒使它張口結舌：「我看見你就討厭！與其徒勞無益地拼命地往上鑽營，不如在鄰居中間和睦相處。」

♣生活中，有些人正是由於時時借助別人的力量，處處得到集體的關愛才得以健康成長的。這樣的人如果不知感恩戴德，反而到處散播怨言，撥弄是非，就只會遭到別人的唾棄。

高山上的一團雪

高高的山巔上有一塊孤單單的岩石。岩石上面有一團雪。

雪團向四周看看，它發現只有它自己在這裡，孤單單的，而下面和附近，它潔白的兄弟姐妹把一切都遮蓋上了。

「一小團雪在這兒，地位這麼高，與此同時，成百萬成百萬的雪團謙虛地聚集在下面，這怎麼可以呢？它們會說我高傲和瞧不起人，說我不知羞恥……噢，實在的，我真不配待在這麼高、這麼顯赫的地位上，也不配這樣炫耀自己……」

於是，為了使所有的雪團相信，它和它們同樣卑微，它要尋找公正的解決辦法。從前，站在高處的同伴們曾接受陽光照射，用這種辦法使自己融化。

「太陽只望它們一眼，就把它們融化了。這些雪團曾經也在那麼高的地方……」它最後決定，避免太陽照射的做法，還是從高處降到符合自己身分高度的做法好。凍僵的雪團從孤獨的岩石上跳下來，沿著山坡，一邊滾，一邊下降高度。可是，這小小的雪團發生了什麼事情？啊，它越往下滾，個頭變得越大！靠著滾動的力量，先變成一個小雪球，接著變成大雪球，最後變個大怪物。它帶著濺起的雪沫停下來的時候，已經是碩大無比的大雪堆。

它那鬆軟的閃閃發光的雪把整個小山崗都蓋上了，形成厚厚的雪層，又變得十分堅硬。那年夏天，儘管陽光燦爛，這些雪卻是最後融化的。

☘

歌德說：「如果一個人不過高地估計自己，他就會比他自己所估計的要高得多。」謙卑的人會變得高貴，一個人真正偉大之處，就在於他能夠認識到自己的渺小。

兩塊爛布片

在造紙廠的大門外，堆著成垛的爛布片，它們來自四面八方，每塊布片都有自己的故事。

在一塊挪威的爛布片旁邊，躺著一塊丹麥爛布片，它們正在高談闊論。

「我是挪威人！」挪威的爛布片驕傲地說，「我的質地堅實，像挪威古代的花崗岩一樣。我一想起這一點，就感到全身舒服！」

「但是，我們有文學！」丹麥的爛布片不服氣地說，「你懂得什麼是文學嗎？」

「文學？」挪威的爛布片用不屑一顧的語氣說，「當你們的船運牛油和乾乳酪到我們這兒來的時候，同時也帶來了一大堆丹麥文學作為壓倉貨——這東西我們根本不需要！」

「瞧你這口氣！我們丹麥爛布片就從來不會用這種口氣對別人說話。我們樸素、謙虛，這是很可愛的，對不對？我是一個溫柔隨和而又有天才的人，但是我從不嫉妒任何人，我只講別人的好話——儘管大多數人沒什麼好話值得我去講。」丹麥爛布片侃侃而談。

挪威爛布片生氣了，說：「你真是虛偽，這叫我聽了作嘔！」

這時，一陣風把它們從這一堆吹到了另一堆上。

後來，它們都被送進造紙廠做成了紙。用挪威爛布片做成的那張紙，被一位挪威先生用來寫了封情書，寄給了他在丹麥的女朋友；而那塊丹麥爛布片做成的紙，則被一位丹麥詩人用來寫了一首讚美挪威的詩。

現在，兩塊爛布片都變成了好東西。它們使丹麥人和挪威人相互瞭解，並且讓他們在這種瞭解中獲得無限的幸福和快樂。

在生活中，既要正確認識自己，也要儘量去瞭解和理解別人；千萬不要自高自大，目中無人。

猴子和兔子的習慣

猴子和兔子是多年的老鄰居。牠們經常在一塊兒閒聊。

一天，猴子問兔子：「兔子先生，你為什麼老是東張西望？你好像害怕什麼吧！」

「我什麼也不怕，」兔子回答，「我習慣這樣。」

「那你就應該改掉這個壞習慣！這樣子多難看呀！」

「那麼你呢？」兔子反問猴子，「你為什麼老是喜歡搔癢？你身上大概有跳蚤吧！」

「沒有，」猴子回答，「我習慣這樣。」

「那你也應該改掉這個壞習慣！這樣子也不雅觀呀！」

「好！從現在開始，咱們都改掉自己的壞習慣！」

「對！一言為定！」

猴子和兔子都發了誓。但是沒過幾分鐘，兔子的頭又一刻不停地東張西望了，猴子的手也一刻不停地在身上東抓西撓的了。

> 良好的習慣對一個人發展的影響是非常大的。所以，一定要努力改正不好的習慣。而壞習慣一旦養成就比較頑固，因此就要狠下決心，依靠堅強的毅力去改變。

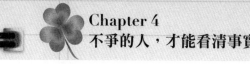

隨聲附和的人

從前，有個叫清藏的人。一天，他和朋友們一同到山上遊玩。走到半路上，他們看見一隻白兔香甜地睡在道旁草叢裡。

一個朋友以為這隻白兔已經死了，就說：「喲，你看，一隻白兔死在這麼個地方啦！」清藏聽朋友這麼說，馬上掩起鼻子說：「原來是這麼回事，怪不得我早就覺得這裡怪臭的呢！」正說著，白兔聽到人聲驚醒了，慌忙撒開腿跑了。

那朋友吃一驚，說：「嘿，原來牠是在睡午覺啦！」清藏於是趕忙又接上說：「啊，怪不得我剛才看見牠的耳朵還在動，心裡正覺得奇怪呢！」

從那以後，這地方的人就把那些無論自己懂不懂，隨聲附和，亂說一陣的人叫做「清藏的白兔」。

> 採取吹噓、欺騙、自欺欺人的態度，只能招致別人的蔑視和唾棄。

用於警惕的器皿

孔子帶著學生到魯桓公的祠廟裡參觀的時候，看到了一個可用來裝水的器皿，形體傾斜地放在祠廟裡。在那時候把這種傾斜的器皿叫欹器。

孔子便向守廟的人問道：「請告訴我，這是什麼器皿呢？」

守廟的人告訴他：「這是欹器，是放在座位右邊，用來警惕自己，如『座右銘』一般用來伴坐的器皿。」

孔子說：「我聽說這種用來裝水的伴坐器皿，在沒有裝水或裝水少時就會歪倒；水裝得適中，不多不少的時候就會是端正的。裡面的水裝得過多或裝滿了，它也會翻倒。」

說著，孔子回過頭來對他的學生們說：「你們往裡面倒水試試看吧！」學生們聽後舀來了水，一個個慢慢地向這個可用來裝水的器皿裡灌水。

果然，當水裝得適中的時候，這個器皿就端端正正地在那裡。

不一會兒，水灌滿了，它就翻倒了，裡面的水流了出來。再過了一會兒，器皿裡的水流盡了，就傾斜了，又像原來一樣歪斜在那裡。這時候，孔子便長長地歎了一口氣說道：「唉！世界上哪裡會有太滿而不傾覆翻倒的事物啊！」

俗話說：「滿招損，謙受益。」為人處世要謙虛謹慎，不要驕傲自滿；凡驕傲自滿的人，沒有不失敗的。

與眾不同的紳士

從前，有個神態異常的英國紳士，從集市上雇用了一位小女孩。

回家後對她說：「我家一切東西的名稱都與眾不同，各有獨特的叫法。」

紳士頓了一下，便一本正經地教了起來，「妳準備怎麼稱呼我呢？」

「稱您東家或先生吧，隨您喜歡，老爺。」小女孩回答說。

「不對，應該稱我『太上大老爺』。」

紳士搖搖頭，又指著床問，「這又叫什麼呢？」

「寢具或床鋪都可以，太上大老爺。」

「不對，這是我的『白天鵝』。那麼，這叫什麼？」他指著自己的褲子問。

「褲子或下裝都行，太上大老爺。」

「你該叫它『雙筒套管』。」

他把頭轉了過去，指著一隻花貓問，「妳把牠叫做什麼呢？」

「小貓或者貓咪，太上大老爺。」

「從今以後，你該叫牠『留鬍鬚的小猴子』。」

他把眼珠轉了一下，又指著爐火說，「嗯，那麼這個呢？」

「火焰或火苗吧，太上大老爺。」

「妳該稱它『紅色的小公雞』。」

他隨手拿起一碗水，繼續問，「這個呢？」

「清水或淨水，太上大老爺。」

「不，這是——『潔淨的聖泉』。那麼對我這個家又該怎麼叫呢？」他邊問，邊指點著自己的房子。

「房子或是住宅，太上大老爺。」

「妳應當稱它為『山中之山』。」

過了幾天，小女孩已經能把這些獨特的叫法記得牢牢的了。

一天深夜，驚惶失措的小女孩突然喚醒了主人：「啊，太上大老爺！快點從您自己的白天鵝背上爬下來，套上雙筒套管吧！紅色小公雞的火星落到留鬍鬚的小猴子尾巴上啦！趕快去取潔淨的聖泉，不然紅色小公雞就要把你的山中之山整個吃下去啦！」

可是，等到這個老爺明白過來到底出了什麼事時，他的房子已快要燒光了。

在生活的小節方面，追求標新立異是不適當的。只有入鄉隨俗，才能和周圍的人打成一片，否則必然孤立，讓人覺得怪癖。

旅途中的南方人

有個南方人，從來不吃雞蛋。

一次，他出遠門到北方。在路上走得累了，肚子也咕咕直叫，就進了一家小店坐下，吃些東西。

店裡的夥計一看有客來了，連忙過來招呼，殷勤地邊擦桌子邊問：「客官，您想吃些什麼？」

這個南方人第一次來北方，對北方的菜很不熟悉，就隨便地說道：「有什麼好菜就上吧。」

夥計應道：「本店的木樨肉做得可拿手了，您可以嚐一嚐。」

不一會兒，菜端上來了，南方人一看，原來裡面有自己不吃的雞蛋，可是他又怕如果說出來，別人會嘲笑自己無知，就不願明說，只是問道：「還有別的什麼好菜嗎？」

夥計說：「還有攤黃菜，也是本店的拿手名菜。」

南方人心裡嘀咕：攤黃菜是什麼玩意兒？不管它，先要了再說吧。菩薩保佑，可千萬別再有雞蛋呀！便說道：「太好了，就這個吧！」

等到菜送來一看，仍然還是有自己不吃的雞蛋。不好再推了，他只好說：「菜是不錯，可惜我肚子挺飽的，不想吃東西。」

他的僕人餓得實在不行，便勸他說：「前邊的路還很遠，不吃的話，待會兒恐怕要挨餓了。」他於是借梯子下臺說：「既然這樣，那我們就吃些點心吧。夥計，有好點心嗎？」

夥計答道：「有窩果子。」

他說：「那就多拿幾個來吧。」

等到「窩果子」被端上來，他一看不禁傻了眼，竟然又有自己不吃的雞蛋。他心中又羞慚又惱火，再也找不出什麼理由了，只得餓著肚子趕路，直走得疲勞不堪。

不知道某方面的常識並不可怕，可怕的是不懂裝懂。勇於承認自己的無知，才能不斷進步。

一對夫婦的選擇

有位婦人走到屋外，看見前院坐著三位有著長白鬍鬚的老人。她並不認識他們。

於是說：「我想我並不認識你們，不過你們應該餓了，請進來吃點東西吧。」

「家裡的男主人在嗎？」老人們問。

「不在，」婦人說，「他出去了。」

「那我們不能進去。」老人們回答說。

傍晚當她的丈夫回家後，婦人告訴丈夫事情的經過。

「去告訴他們我在家裡了，並邀請他們進來！」

婦人走出去邀請三位老人進屋內。

「我們不可以一起進一個房屋內。」老人們回答說。

「為什麼呢？」婦人想要瞭解。

其中一位老人指著他的一位朋友解釋說：「他的名字是財富。」然後又指著另外一位說：「他是成功，而我是愛。」接著又補充說：「你現在進去跟你丈夫討論看看，要我們其中的哪一位到你們的家裡。」

婦人進去告訴她丈夫剛剛談話的內容。

她丈夫非常高興地說：「原來是這麼一回事啊！讓我們邀請財富進來！」
婦人並不同意，說道：「親愛的，我們何不邀請成功進來呢？」
她丈夫想了想說：「我們還是邀請愛進來吧，也許那樣更好些。」
婦人到屋外問那三位老人：「我們想要愛！」
愛起身朝屋子走去。另外二人也跟著他一起進了屋子。
婦人驚訝地問財富和成功：「我只邀請愛，怎麼連你們也一道來了呢？」
老人齊聲回答：「如果你邀請的是財富或成功，另外二位都不會跟進的，而你邀請愛的話，那麼無論愛走到哪，我們都會跟隨。那兒有愛，那兒就有財富和成功。」

☘

佛洛姆說：「沒有愛，人類便不能存在。」如果想獲得終生的幸福，就必須當一個充滿愛心的人。生命中有了愛，我們就會變得煥發、謙卑、有生氣，新的希望油然而生，彷彿有千百件事等著我們去完成。有了愛，生命就有了春天，世界也變得萬紫千紅。

蚊子與獅子

有隻蚊子飛到獅子那裡，說：「我不怕你，你也並不比我強多少。你的力量究竟有多大？是用爪子抓，還是用牙齒咬？僅這幾招，女人跟男人打架時也會用。可是我卻比你要厲害得多。你若願意，我們不妨來比試比試。」

蚊子吹著喇叭，猛衝上前去，專咬獅子鼻子周圍沒有毛的地方。獅子氣得用爪子把自己的臉都抓破了，最後終於要求停戰。

蚊子戰勝了獅子，吹著喇叭，唱著凱歌，在空中飛來飛去，不料卻被蜘蛛網黏住了。蚊子將被吃掉的時候，悲歎道：「我戰勝了最強大的動物，卻將被這小小的蜘蛛消滅。」

驕傲是沒有好下場的。有些人雖擊敗過比自己強大的人，最終卻被比自己弱小的人擊敗。在生活中，要時刻保持謙虛謹慎、戒驕戒躁的態度。

兩邊扯謊的蝙蝠

鳳凰是百鳥之王。鳳凰過生日，百鳥都來祝賀，唯獨蝙蝠沒有露面。

鳳凰把牠招來訓斥道：「你在我的管轄之下，竟敢這樣傲慢！」蝙蝠蹬著雙腳說：「我長著獸腳，是走獸國的公民，你們飛禽國管得著我嗎？」

過了幾天，麒麟做壽。

麒麟是百獸之王。百獸都來拜壽，蝙蝠仍舊沒有露面。

麒麟把牠招來訓斥道：「你在我的管轄之下，竟敢如此放肆！」蝙蝠拍拍翅膀說：「我長著雙翅，是飛禽國的公民，你們走獸國管得太寬了吧！」

有一天，鳳凰和麒麟相會了，說到蝙蝠的事，才知道牠在兩邊扯謊。鳳凰和麒麟搖頭歎息，不勝感慨：「現在的風氣也太壞了。偏偏生出這樣一些不禽不獸的傢伙，真是拿牠們沒有辦法！」

生活中，的確有些見風使舵的勢利小人，他們不斷地改變自己的原則和立場，來投機鑽營，以期左右逢源，謀取私利。但是，群眾的眼睛是雪亮的，這樣的人遲早會被識破醜惡的嘴臉，受到人們的唾棄。

固執的艦長

兩艘派赴集訓分艦隊的戰艦數天來一直冒著惡劣的天氣在海上航行。科克在領頭的一艘軍艦上服役。夜幕降臨之際，科克正在艦橋上值班。此時團團濃霧密佈天空，能見度極差，所以艦長仍留在艦橋上關注著所有的活動。

天黑後不久，艦橋一翼的監視哨報告說：「燈光，在船首右舷方位。」

「那是活動的還是不動的船尾？」艦長喊道。

監視哨回答：「不動，艦長。」這意味著他們與那條船處在危險的相撞航線上。

於是，艦長對信號兵喊道：「發信號給那條船：我們處在相撞的航線上，請將航向轉二十度！」

信號回來了：「還是你轉二十度較好。」

艦長說：「發信號，我是艦長，請轉二十度。」

「我是一名二級水手，」對方回答說，「你最好轉二十度。」

此時，艦長暴跳如雷，他怒氣衝天地喊道：「發信號，我是軍艦，將航線轉二十度。」

閃爍著的燈光打了回來：「我是燈塔！」

他們轉了航向……

在日常生活中，我們有多少人曾經嘗試試圖讓「燈塔」改變航向啊！生活中，學會謙讓和自我反省就會帶來個人的身心愉快，帶來和諧的人際關係。

聰明的狐狸

狐狸和猴子好幾天沒吃東西了，在路上牠們發現了一個洞穴，裡面有個神像和兩個瓶子。狐狸祈求神像：「我們幾天沒吃東西了，這樣下去會餓死的……」

神像說：「這兒有兩個瓶子，一個裝滿食物，一個是空的，你只能用觀察選擇一個。」

狐狸說：「神說兩個瓶子中有一個裝滿食物，另外一個是空的；我看這兩個瓶子肯定都是空的。」

聽了這話，一個瓶子開口了：「我才不是空的……」

狐狸一聽，伸手抱走另一個瓶子。

打開瓶口，果然裡面都是食物。

猴子大惑不解地問：「你怎麼知道這個瓶子裡有食物？」

狐狸笑著說：「肚子空空的人，最怕人家說它空瓶子；肚子有墨水的人，你說什麼它都不在乎。」

越是沒有真才實學的人越是追求虛榮，越是怕別人看出自己無知；結果，卻只能給人留下更多的笑柄。

孵蛋的祕訣

有兩隻鴕鳥感到非常絕望，每次牠們蹲坐在牠們生下來的蛋上，牠們身體的重量就把它們壓碎了。

有一天，牠們決定去向牠們的父母請教。牠們的雙親居住在大沙漠的另一邊。牠們跑了好多日和好多夜，最後到達牠們老母親的巢。

「媽媽，」牠們說，「我們是來向您請教該怎樣來孵我們的蛋，每次我們一坐在它們上面，它們就破碎了。」

牠們的母親聽完了牠們的話，回答道：「你們應該用另一種溫暖。」

「那是什麼？」年輕的鴕鳥問道。

於是，牠們的母親告訴牠們：「那就是心靈的溫暖，你們應該以無限的愛望著你們的蛋，心裡想著它們每一個裡面細小的生命正在成長，警覺和耐性會令它們醒來的。」

兩隻年輕的鴕鳥動身回家，當那雌鳥生下一隻蛋，牠們就滿懷愛心地守望著牠，從不放鬆警惕。當牠們兩個都精疲力竭之際，那蛋開始格達格達作響，裂開了，一隻小鴕鳥把頭從蛋殼裡探了出來。

一位作家說：「真愛是黑暗中的鑽石。它是最尋常的奇蹟，是用軟綿綿的白雲織成，撒在夜空裡的一片星星。」愛是不受時間、空間、條件、環境影響的忠實。世間沒有什麼力量能夠超過愛；世間也沒有什麼真愛所不能克服的困難。

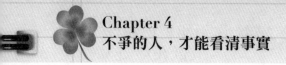

喝清水的驢

有那麼一頭驢，在固定的時間走到河邊飲水。可是水裡的鴨群扇動翅膀，正在開心地玩耍。牠們嘎嘎地叫著，互相追逐，結果把水攪得渾濁不堪。驢雖然渴得難以忍受，但是牠滴水未沾，走到一邊，開始耐心等待。最後，鴨群平息下來，爬上岸，慢慢騰騰地走遠。驢重新來到河邊，可是河水還很渾。於是，驢又悻悻地走開。

「媽媽，驢為什麼不喝水呢？」好奇的小青蛙對驢的行動感到很有趣，「牠已經兩次走到河邊，可是連一口水也沒喝就走了。」

青蛙媽媽回答道：「驢寧願渴死，也不沾一口髒水。牠將耐心等待，直到水變得潔淨，變得清澈見底，才肯飲用！」

「哎呀！驢怎麼這麼固執呢？」

「你說得不對，孩子，與其說牠固執，不如說牠有耐心。」青蛙媽媽解釋說，「驢善於等待，所以能夠喝到清淨的水；如果牠缺乏克制能力和忍耐力，就只能喝渾濁的髒水了。」

為人不能太固執，但是也不能不堅持必要的原則。只有有耐心，敢於堅持原則，才能獲得理想的生活。

Living without an aim is like sailing without a comp

Chapter 5

當你準備好了，就要充滿自信

Beware beginning

掃落葉的比爾

有個小徒弟叫比爾，他每天早上負責清掃工廠院子裡的落葉。清晨起床掃落葉實在是一件苦差事，尤其在秋冬之際，每一次起風時，樹葉總隨風飛舞落下。

每天早上都需要花費許多時間才能清掃完樹葉，這讓比爾頭痛不已。他一直想要找個好辦法讓自己輕鬆些。

後來有個同伴跟他說：「你在明天打掃之前先用力搖樹，把落葉統統搖下來，後天就可以不用掃落葉了。」

比爾覺得這是個好辦法，於是第二天，他起了個大早，使勁的猛搖樹。他想：這樣，就可以把今天跟明天的落葉一次掃乾淨了。一整天比爾都非常開心。

第三天，比爾到院子一看，他不禁傻眼了。院子裡如往日一樣是落葉滿地。一位老工人走了過來，對比爾說：「傻孩子，無論你今天怎麼用力，明天的落葉還是會飄下來。」

比爾終於明白了，世上有很多事是無法提前的，唯有認真的活在當下，才是最真實的人生態度。

許多人喜歡預支明天的煩惱，想要早一步解決掉明天的煩惱。明天如果有煩惱，你今天是無法解決的。每一天都有每一天的任務和使命，還是努力做好今天的事，完成今天的任務和使命吧！

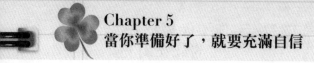

圖謀熊皮的年輕人

有兩個年輕人因為手頭缺錢花用，於是他們向鄰居一位皮貨商預售一隻還未被打死的熊的皮。他們發誓說，將馬上出發去把熊捕捉到手。

據說這是一頭熊中之王，商人為此可發一筆大財，因為人們可將其做成兩件皮袍，以抵禦刺骨的嚴寒。且這張熊皮的標價遠遠高於商人他羊群的總價。

兩人答應兩日之內交貨，在談妥了價錢後就開始進行搜捕獵物的工作。

當他倆看到這頭熊正朝他們奔來，嚇得如雷擊頂一般。

這時，一個夥伴爬上了樹梢，另一個則早就嚇得面如死灰，一身冰涼。他趕緊趴在地上屏住呼吸裝死，因為曾經聽人說過，熊不喜歡吃死人。

這頭熊見地上躺著一個人，不知是死還是活，於是把他翻過來推過去擺弄一番，又用嘴去嗅了嗅這人的鼻息。

「這是一具屍體。」熊說完就沒入了附近的森林中去了。

樹上的夥伴從樹上滑了下來，跑到裝死的夥伴身邊說，這真是個奇蹟，這一切不幸只不過是場虛驚。「那麼，」他接著問，「熊皮怎麼交差？熊在你耳根子旁都說了些什麼？牠離你是這麼的近，還用牠的大熊掌把你翻過來轉過去的。」

「牠對我說，千萬不能圖謀出售一張還沒有被打死的熊皮。」

不論做什麼，都要注意按步驟、有次序的去做，千萬不要急於求成，超前去做基本條件尚不具備的事，否則，就會遭遇挫折。

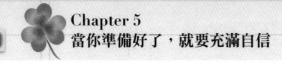

鷺鷥覓食

一天，一隻長頸長嘴的鷺鷥，邁著一雙長腿漫無目的的在踱步。牠沿著河岸散步，河水清清，氣候怡人，鯉魚和鯽魚在水中游泳。鷺鷥瞧著牠們游到河邊，本可唾手可得，但鷺鷥沒這樣做，牠按時進餐，生活有規律，這時還沒有胃口。

過了一會兒，牠有了食欲，於是走近河邊，看到幾條冬穴魚游到水面，鷺鷥不喜歡這道菜，牠要等上等的食物。牠的臉上浮現出一種不屑一顧的神情：「我吃冬穴魚？我堂堂鷺鷥，吃這樣差的飯菜？把我當成要飯的！」

放走了冬穴魚後，鯽魚又游了過來。「鯽魚，就這樣的晚餐？要我為這沒味道的東西動嘴巴，上帝也不會同意！」

可是到了最後，當鷺鷥饑餓難耐卻又見不到一條魚的時候，牠卻為更差勁的食物張開了嘴巴。牠看到了一隻蝸牛，感覺既幸運又高興，於是猛然撲過去，把蝸牛吞進了嘴裡。

人不應該過於挑剔，最精明的人就是最隨和的人，過於苛求反而會一無所得。在自己的要求容易得到滿足的時候，也不能輕視任何事物。

命運多變的商人

一個商人從事航海貨運幸運的發了財。他曾屢屢戰勝風險，各式各樣惡劣的氣候和地形都沒有對他的貨物造成損失，對於他，命運女神格外照顧。

一次，突然刮起的狂風，使他的所有同行都遇難了，只有他的船平安抵達港口。他的客戶和經銷商對他十分信任，人們奢侈的享受和購買欲望使他財源廣進，他順利的販賣所經營的砂糖、瓷器、肉桂和菸草什麼的，總之，財富像雨點般落下，沒多久，他已是腰纏萬貫的大富翁了，因此過著非常風光的日子。

一個朋友目睹了他的豪華盛宴之後，羨慕的說道：「您的家常便飯也這樣的氣派！」

「這還不是靠我自己的努力奮鬥，靠我的聰明、我花的心血，靠我抓住機遇投資準確得來的嘛。」

這位商人認為賺錢是件極容易的事。因此，他把賺得的錢拿出來又去做投資，但這一次是極不順利誤了大事。

他租了一艘設備很差的船，碰到一點風浪就翻了船；另一艘連必要的防禦武器都沒有，海盜連船帶貨都搶了去；第三艘船呢，雖然是平安到港，但由於經濟蕭條，沒有了往日那種追求奢華的風氣和買貨狂潮，貨積壓時間過長變質了。

另外，客戶的欺騙和商人花天酒地、揮金如土的生活方式，使他很快就淪為了一個窮光蛋。

一個朋友看到他變成一文不值的境況，問他道：「這是怎麼了？」

「唉，別提了，全怪那不濟的命運。」

♣ 在一般情況下，有些人總愛把成績歸功於自己的才幹；如果失敗，就要責怪時運不濟。其實，人生中的很多得失成敗都是非常偶然的。

年輕人和一根針

從前有個年輕人，很喜歡一個人到森林裡去散步，但是從來不帶任何武器。

「你這樣不行，你哪怕是帶上一根針也好。什麼武器也不帶，總有一天你會吃虧的。」父親總是這麼勸他。可是年輕人把父親的告誡只當耳邊風。

這天，當他又在森林中散步的時候，跟幾個帶槍的小偷打起架來。因為他沒帶武器，無力還擊，結果被小偷抓住了。

「我不該不聽父親的話，」年輕人流著淚說，「假如我帶著一根針的話，也不至於落到這一步。」

聽了他的話，小偷們哈哈大笑。有一個小偷真的就給了他一根針，並且挖苦他說：「拿去！現在我倒想看看你有了針又會怎麼樣！」

「可是這是一根半截針呀！」年輕人故意說。

「什麼？半截針？讓我看看！」這個小偷說著便湊了過來。

年輕人抓住機會猛地將針刺進了這個小偷的眼睛。小偷慘叫一聲，不由得把手中的槍扔了，正好扔在年輕人的面前。年輕人迅速把槍撿起來，一下子就打死了離他最近的一個小偷。

其他小偷看到同伴倒在地上，都嚇慌了，拔腿就逃。

當這個年輕人回到家裡的時候，激動的對父親說：「您的話的確有道理，今天是一根針救了我的命。」

♣ 在生活中，關鍵時刻能決定我們命運的，常常是一些平時看似微不足道的小東西或是無關緊要的小人物。因此，我們平時不應該忽視任何小東西，也不可怠慢任何小人物。

應當感謝的人

遙遠的菲律賓群島中有一座小島，這個小島上從來沒有雞，直到一位旅行家在海上遇難漂流到島上，才把雞帶到島上。飼養的結果，新鮮的雞蛋成了一道最普通最便宜的菜。不過，所有的雞蛋都是用白水煮，因為旅行家沒有教給他們別的吃法。

不久，島上的一位居民煎了雞蛋吃。對這種奇妙而豐富的味道，全島爭先恐後的競相學習！後來，有人做出荷包蛋。多麼美妙的想法！又有人想出蒸蛋……現在，雞蛋真走紅！一個人又發明出蛋捲。所有的人都高喊：真妙啊，真妙啊！

一年以後，一個人說：「你們真沒用，我要用番茄炒雞蛋。」

這道菜實在妙，贏得了全島的讚揚。不同的廚師都做這道菜。點心師不斷添加甜美的調味料！軟的、絲狀的、放在牛奶和糖裡的、放在清涼飲料、糖水水裡和滷汁中的蛋品都出現了。到最後，所有的人都成了發明家，而最後的雞蛋成了最好的雞蛋。

一天，一位慎重的老人對他們說：「面對這異國的菜餚和點心，你們洋洋自得也是枉然，首先應當感謝的仍然是為我們帶來母雞的人！」

> 飲水要思源，永遠不要忘記感謝那些為團體做出貢獻，為我們創造基本的生活條件的人。

井龜和海龜

一隻盲目的龜住在一個井中，另一隻龜本是生長在大海裡的，因到陸地旅行，偶然的失足跌落到這個井中來。

盲龜問牠的新朋友從哪裡來。

海龜說：「從大海裡來。」

盲龜第一次聽見牠的新朋友說起海，因為牠一生都住在井中，毫不知道什麼是海，便在井中走了一小圈問道：「海有這麼大嗎？」

海龜答道：「還要大。」

於是盲龜環游了全井的三分之二問道：「海是否是這麼大？」

海龜答道：「還要大得多呢！」

盲龜於是問道：「那麼，海有整個井大嗎？」

海龜答道：「更要大。」

於是盲龜說道：「如果這話是真的，那麼海究竟有多大呢？」

海龜答道：「你一生除了你的井之外，沒有看見過別的水，所以你的知識範圍是很小的。至於說到海呢，即使你耗費了許多年的光陰，你還無法游過它的一半，更不用說達到它的邊界了。所以它是絕對不能與你的這個井相提並論的。」

盲龜不屑的說道：「比這個井更大的水是絕不可能有的，你不過是用誇大的話來誇讚你自己的老家而已！」

站得高才能看得遠。如果把自己侷限在一個狹小的生活範圍內，就不可能有寬廣的視野和卓絕的見識。

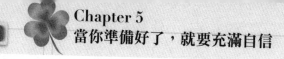

一根釘子

從前有一位商人，帶著貨物到市場上出售，他的運氣非常好，生意興隆，所有的貨物都賣出去了，口袋裡塞滿了金子和銀子。

第二天，他準備回家，並且想在天黑之前趕到家中。他把錢塞在背包裡，放到馬背上，然後騎著馬上路了。中午的時候，他路過一座小城，休息了一會兒後，打算繼續趕路。這時，他的僕人把馬牽到他的面前說：「主人，馬的後掌蹄鐵上掉了一根釘子。」

「就這樣吧！」商人說，「我只有六個小時的路程了，這馬蹄鐵不至於掉下來。我們要急著趕路呢！」下午，商人下馬休息，叫僕人到附近餵馬。僕人回來後又對他說：「主人，馬左後腿上的蹄鐵已經掉了，我是不是牽牠去重新打個蹄鐵？」

「就這樣吧！」主人答道，「只不過剩下兩個小時的路程了，這馬應該還能挺得住的。」他們繼續趕路了。沒走多遠，馬便開始一拐一拐了；跛著走沒多久，變得開始跌跌撞撞，又沒走多遠，終於一跤跌下去，腿折斷了。商人只好將馬留下，把背包解下來背在自己肩上，步行回家。

生活上一定要注意細節，即使那些看起來不太重要的地方也不能忽視。嚴防小地方的疏忽，就不容易出現大的過錯！

國王和聰明的漁夫

一位漁夫十分聰明，他贏得了人們的敬佩。他下河捕魚，只要看一下河水就知道哪裡有魚，所以從來沒有空手而回的時候。

一天，他在湖邊捕魚。突然，湖上出現了奇異的水紋，他立刻下網。收網時，他覺得很沉重，他費力拉上網，果然捕到一條前所未見的大紅魚。

漁夫想，如果把這奇怪的大紅魚獻給國王，國王一定會賞賜他。他真的走進宮殿，把魚獻給國王，得到了四千塊金幣的賞賜。

王后知道了這件事，就對國王說：「這樣做有些不太好，獻一條魚就賞賜這麼多錢，今後別人獻上更貴重的東西，如何賞賜呢？」

國王連連點頭，心中十分後悔，問王后該怎麼辦。王后說：「可以把漁夫請來，問問他這魚是雌魚還是雄魚。如果說是雌的，你要雄的；如果是雄的，你要雌的。他沒有，便把賞賜收回。」

國王找來漁夫一問，漁夫笑著回答：「這魚很奇妙，是兩性的。」

國王對漁夫的聰明十分欣賞，立刻又賞給他四千塊金幣。漁夫接受金幣時，一個金幣掉在地上，他立刻撿起來。

王后看見了，又悄悄地對國王說：「這個漁夫真吝嗇，連一塊金幣也不願留給別人！」

國王很生氣，就問：「你拿到四千金幣，怎麼連一塊金幣也不放過？」

漁夫立刻回答：「尊敬的陛下，金幣上有您的肖像呀！如果扔在地上，怕誰不小心踢了，實在損害您的尊嚴。」

國王點點頭，很佩服漁夫的見識。不顧王后的反對，又賞給漁夫四千塊金幣。

♣ 良好的口才在很多時候能夠使你逢凶化吉，擺脫困境。所以，一定要重視口才的培養。

道士和客人

有一位道士，修道十分虔誠。有一天來了一位遠客，在他家裡住下。

這位道士端了一盤棗子來招待他。客人吃了，覺得棗子的味道香甜可口。那一盤棗子，片刻之間，便被吃得乾乾淨淨。

客人對主人說道：「這種棗子，肉軟味甜，我們的家鄉沒有。我從來沒有吃過像這樣好的棗子。我很想帶些種子，到我的家鄉去栽種。請你給我一些種子，並且教我栽種的方法吧。」

道士說道：「栽種幾棵棗樹，那是最容易不過的事。只恐怕你的家鄉不適宜種棗樹啊！況且你的家鄉，既有很多果木，何必又需要棗樹呢？棗子是堅硬而不易消化的東西，有什麼稀奇？一個人的欲望，不宜過奢，應該有個止境才好。」

道士說的話，是希伯來文，響亮而且動聽，那位客人，非常羨慕，勉強學了幾天，結果，似是而非的學了幾句。

道士說道：「你不應該丟了自己的話，另去學一種話，不要像那烏鴉一樣自討苦吃。」

客人問道：「烏鴉怎樣自討苦吃？」

道士就講了烏鴉的故事：「有一隻烏鴉，看見竹雞走路活潑，舉止漂亮，非常羨慕，天天學竹雞走路，處處模仿竹雞的舉動。過了不少時間，烏鴉覺得渾身發痛，距學會竹雞走路的目標還差很遠，便決意不學了，想恢復原來的習慣。但是，烏鴉的腳，已經不似當日的靈活了。走動起來已經覺得很困難了，而且姿勢非常難看。所以，大家都嘲笑烏鴉。」

「我舉這個例子向你解釋我對你的意見：你拋棄了自己本來的語言，而去講不適合你講的希伯來話。我擔心你說不好希伯來話反而忘了自己的本語。」

人要能正確評價自己的能力，儘量安心於適合自己的工作，不要去追求自己所做不到的事情，否則，就可能進退兩難，無所適從。

路人和一塊石頭

一個行路人從地上撿到一塊閃閃發亮的石頭。他翻來覆去的仔細看了一番，正打算扔掉，這時一位騎馬的人趕了過來。

「喂，把你這塊小石頭給我吧，」騎者說道，「我用一個打火機和你交換。」

「不，」這人回答說，並把撿來的石頭捏得很緊。「萬一這石頭不止值這些呢？」他想了想。「幹嘛著急呢……」

「喏，那就收下這個吧！」騎者說著，便將一支金手錶遞給他。

「不行，」小石頭的主人回答說，還乾脆把撿到的石頭裝進了口袋裡。

他暗自思忖著：「莫非這玩意果真是塊寶石。」

可是這位素不相識的人卻一個勁的纏著他，不肯甘休。

「那就用你的石頭換我這匹馬，你看怎麼樣？好好想想吧。」

「我沒有什麼可想的！」這人斬釘截鐵的回答說。「就算給我一幢房子，我也不給！」

這時，騎者突然哈哈大笑起來：「你這石頭分文不值，明白嗎？還是把它扔掉吧！」說完，把韁繩一提，便揚長而去。

「起初我就是打算把它扔了，」這人手裡握著撿來的石頭，對著騎者在背後委屈的叫道，「你故意捉弄我！」然後扔掉石頭，繼續趕自己的路。

片刻之後他突然叫了起來，「喂，騎馬的人，站住！」

騎者勒住馬，停了下來。

「要是我剛才答應用石頭換你的馬，那你怎麼辦呢？」

這時騎者又哈哈大笑起來，說道：「你這個人不會辨認寶石和石頭，而我卻會識別人。」

☘

要善於思考，有自己的主見，不要讓別人的說法和建議干擾我們的思路，影響我們對事物的判斷。

一片田地

在澤德大道旁，一個旅行者遇到了鄰村的一個村民。

旅行者指著一片廣袤的田地問道：「這難道不是阿赫蘭國王克敵制勝的戰場嗎？」

村民回答他說：「這塊地從來不曾作過戰場。過去這裡曾是澤德城市，後來被一把火燒得乾乾淨淨。現在它是一塊好耕地，不是嗎？」說完，兩人就分手了。

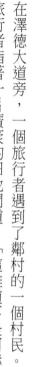

走了不到半英里，旅行者又見到另一個村民，他又指著這塊地，說：「這就是大城市澤德的遺址吧？」

那人說：「這個地方從不曾有過什麼大城市。過去有過一所修道院，後來給南國人毀了。」

不一會兒，就在這條澤德大道上，旅行者碰到了第三個人。他又一次指著這片寬廣的土地說道：「聽說以前這裡有過一家修道院，這消息準確嗎？」

不料那人回答說：「在這周圍從來沒有過修道院，但我的父輩和祖先告訴過我們，這裡曾落過一塊大隕石。」

旅行者繼續往前走，滿心狐疑。路上又遇見一個高齡老漢。

施禮後，他問道：「先生，一路上我遇見三個人，他們都住在附近。我問過每一個人關於這塊地的過去。可是誰都推翻了上一個人的話，接著又告訴我一個其他人沒有說過的新故事。」

老漢抬著頭，回答道：「朋友，他們每個人告訴你的確實都是事實真相，可惜的是我們很少有人能夠正確的對待不同的事實，進而領悟出其中的真諦。」

事物常常具有多面性，對同一件事物的描述，也常常有多種正確的方式。我們不要簡單的因為其表面觀點的不同，而厚此非彼，而是應該深入探求，認真思考和判斷，以找出真相。

三個旅行者

三個旅行者早上出門時，一個旅行者帶了一把傘，另一個旅行者拿了一根拐杖，第三個旅行者什麼也沒有拿。

晚上歸來，拿傘的旅行者淋得渾身是水，拿拐杖的旅行者跌得滿身是傷，而第三個旅行者卻安然無恙。於是，前面的旅行者很納悶，問第三個旅行者：「你怎會沒有事呢？」

第三個旅行者沒有回答，而是問拿傘的旅行者：「你為什麼會淋濕而沒有摔傷呢？」

拿傘的旅行者說：「當大雨來到的時候，我因為有了傘，就大膽的在雨中走，卻不知怎麼就淋濕了；當我走在泥濘坎坷的路上時，因為沒有拐杖，所以走得非常仔細，專挑平穩的地方走，所以沒有摔傷。」

然後，他又問拿拐杖的旅行者：「你為什麼沒有淋濕而摔傷了呢？」

拿拐杖的說：「當大雨來臨的時候，我因為沒有帶雨傘，便選能躲雨的地方走，所以沒有淋濕；當我走在泥濘坎坷的路上時，我便用拐杖拄著走，卻不知為什麼常常跌跤。」

第三個旅行者聽後笑笑說：「這就是為什麼你們拿傘的淋濕了，拿拐杖的跌傷了，而我卻安然無恙的原因。當大雨來時我躲著走，當路不好時我細心的走，所以我沒有淋濕也沒有跌傷。你們的失誤就在於你們有憑藉的優勢，認為有了優勢便少了憂患。」

許多時候，我們不是跌倒在自己的缺陷上，而是跌倒在自己的優勢上。因此缺陷常常提醒我們，讓我們時刻保持冷靜和警惕。

喜鵲的「安樂窩」

喜鵲們通常都習慣於把巢築在高高的樹頂上。但是，每年一到秋天，特別是刮起大風時，牠們的窩就會隨著樹枝搖搖晃晃，簡直像要把整個窩翻下來一樣，非常恐怖。每到這時，喜鵲和牠的孩子們都只能蜷縮在窩巢中，驚恐萬狀，害怕得連大氣也不敢出。

但是，這個家族中有一隻喜鵲卻很聰明，在夏天還未到的時候，牠就想到了秋天，牠預料到秋天肯定會經常刮大風，會危及牠的安全。這可真是一隻有遠見的喜鵲，為了保障住所未來的安全，牠果斷的決定立即搬家。於是，牠不辭辛苦的尋找安全的住所，終於選中了一處粗大低矮的樹椿，這地方低矮踏實，上面有濃密的枝葉遮擋，大風也不可能撼動這個粗大穩固的矮樹椏。

喜鵲不厭其煩、不顧勞累的將原來的窩巢從高高的樹頂上搬下來，牠將那些搭窩的枝條、草葉，一根根、一片片搬到低矮粗大的樹椏上，築起了新居。新築的窩巢真的是舒適安全，大風再也不會侵犯到這低矮處的樹椏上了。

夏天到了，大樹濃密的樹陰下很涼快，特別適合人們乘涼。於是，過往的行人都不免要到樹下休息一會兒。人們在樹蔭下一抬頭就看到了喜鵲的窩巢，再一伸手，就可以輕易的拿到窩中的小喜鵲或小喜鵲蛋。人們覺得很有意思。於是，窩巢裡的小喜鵲或小喜鵲蛋經常被人偷走。

小孩子們看到大人這樣做，他們也來偷小喜鵲和小喜鵲蛋，儘管小孩子們個子矮搆不著喜鵲窩，可是他們想辦法找來竹竿，用竹竿挑巢裡的小喜鵲和小喜鵲蛋，還互相爭搶著。

可憐的喜鵲這下子可遭殃了，秋季還遠遠未到，牠的「安樂窩」就被破壞得不成樣子了。牠雖然考慮到了防備未來的災患，卻沒有想到眼前的危險，結果還是沒能避過災難。

> 必須把長遠的目標和眼下的具體環境結合起來。因為未來只是一種理想的狀態，而眼前的小障礙卻可能斷送你的前途。

磚頭和石頭

傳說，老子騎青牛過函谷關，在函谷府衙為府尹留下洋洋五千言的《道德經》時，一年逾百歲、鶴髮童顏的老翁招招搖搖到府衙找他，老子在府衙前遇見老翁。

老翁對老子略略施了個禮說：「聽說先生博學多才，老朽願向您討教個明白。」

老翁得意的說：「我今年已經一百零六歲了。說實在話，我從年少時直到現在，一直是遊手好閒的輕鬆度日。與我同齡的人都紛紛作古，他們開墾百畝沃田卻沒有一席之地，建了四舍屋宇卻落身於荒野郊外的孤墳。而我呢，雖一生不稼不穡，卻還吃著五穀；雖沒置過什麼房產，卻仍然居住在避風擋雨的房舍中。先生，是不是我現在可以嘲笑他們忙忙碌碌勞作一生，只是給自己換來一個早逝呢？」

老子聽了，微然一笑，對府尹說：「請找一塊磚頭和一塊石頭來。」

他將磚頭和石頭放在老翁面前說：「如果只能擇其一，仙翁您是要磚頭還是願取石頭？」

老翁得意的將磚頭取來放在自己的面前說：「我當然擇取磚頭。」

老子撫鬚笑著問老翁：「為什麼呢？」

老翁指著石頭說：「這石頭沒棱沒角，取它何用？而磚頭卻用得著呢。」

老子又招呼圍觀的眾人問：「大家要石頭還是要磚頭？」眾人都紛紛說要磚而不取

石。

老子又回過頭來問老翁：「是石頭壽命長呢，還是磚頭壽命長？」老翁說：「當然石頭了。」

老子釋然而笑說：「石頭壽命長，人們卻不選它；磚頭壽命短，人們卻選它，不過是有用和沒用罷了。天地萬物莫不如此。壽雖短，於人於天有益，天人皆擇之，皆念之，短亦不短；壽雖長，於人於天無用，天人皆摒棄，倏忽忘之，長亦是短啊。」

一個事物的價值，不僅在於外表，更在於其用途。人們通常總是對於自己有利的東西感興趣，而不會去關注那些與自己關係很小的東西。

書生和他的三個夢

從前有個書生，屢次參加考試都沒有被錄取，一次正趕上舉行科舉考試，書生打算前去應試。在出發前的晚上，書生做了三個怪夢，大惑，不知功名是否有望，就特意去找善於圓夢的岳母解說。

到了岳母家，正趕上岳母外出，姨妹接待他說：「小妹也能圓夢，姐夫但說無妨。有些難解之夢，母親還來求我呢！」

書生猶豫片刻，說：「我的第一個夢，是夢見我家牆頭上孤零零地長了一棵草。」

姨妹：「這是說你沒有根基。」

書生：「第二個夢，是夢見我戴著斗笠打傘。」

姨妹：「這是說你多此一舉。」

書生聽了很掃興。

姨妹又問：「第三個夢呢？」

書生便說：「恐有冒犯，不說罷了。」

姨妹：「自家人面前，不少拘禮。」

書生：「第三個夢，是夢見我和你背靠背睡在床上。」

姨妹瞪了書生一眼道：「那是說你這輩子休想！」

書生聽完甚為懊惱，看來今生功名無望，悻悻而歸。

走到半路上，正遇岳母，就告訴了她事情的經過。岳母聽他說完卻大喜，連說好兆。

書生不解，岳母回答說：「第一個，夢牆頭上孤零零地長了一棵草，是說你高人一等。第二個夢，戴著斗笠打傘，是說你官（冠）上加官（冠）。」

書生眉頭漸展，急忙問：「那第三個夢又作何解釋呢？」

岳母：「那是說你總有翻身的時候。」

書生聽了喜上眉梢，立即收拾行李進京應試。

> 不要過分迷信別人的意見或看法，只要自己看準了，準備好了就要充滿自信，敢於堅持走自己的路。世間萬事皆在人為！

小公主的病

小公主雷娜生病了，御醫們束手無策。國王問女兒想要什麼，雷娜說她想要天上的月亮。國王立刻召見他的首席大臣張伯倫，要他設法把月亮從天上摘下來。

張伯倫從口袋裡掏出一張紙條，看了看，說：「我可以弄到象牙、藍色的小狗、金子做成的昆蟲，還能找到巨人和侏儒……」

國王很不耐煩，一揮手，說：「我不要什麼藍色的小狗，你馬上給我把月亮弄來。」

張伯倫面露難色，一攤手，說：「月亮是熱銅做的，離地六千萬公里，體積比公主的房間還大。微臣實在無能為力。」

國王大怒，叫張伯倫滾出去。爾後，他又召見了宮中的數學家。這位數學大師頭頂已禿，耳朵後面總是夾著一枝鉛筆，他已經為國王服務了四十年，不少難題一到他手中便迎刃而解。

可是這回，他一聽國王的要求便連聲推託，說：「月亮和整個國家一樣大，是用巨釘釘在天上的，我實在沒辦法把它取下來。」

國王聽後很失望，揮手讓數學大師退下。

接下來被請去的是宮中的小丑。他穿戴滑稽，全身上下還掛著一串串鈴鐺。他連蹦帶跳，叮叮噹當的跑到國王面前，問：「請問陛下，有何吩咐？」

國王又將事情的原委說了一遍。小丑聽後沉吟良久，方才慢慢地說：「陛下，您的大臣們都是具有遠見卓識的智者，但月亮究竟是何物，大家的說法不一。不妨問問雷娜公主，她認為月亮是何物。」國王表示同意。

小丑連忙去問雷娜公主。小公主躺在床上，有氣無力的說：「月亮比我手指甲小一點兒，因為我伸出手指放在眼睛前便擋住了月亮。月亮和樹差不多高，因為我常見到月亮停在窗外的樹枝上。」

小丑又問月亮是由什麼做成的。公主說：「我想大概是金子吧。」

小丑連忙讓工匠用金子打造了一個小月亮，送給公主。小公主歡天喜地，病也好了。第二天便下床在院子裡玩耍。

可是天近黃昏時，國王又開始發愁了，心想：「女兒見到天上又升起個月亮豈不又要鬧脾氣了？」他連忙又將首席大臣和數學大師請來商議對策。

首席大臣說：「給公主戴副墨鏡如何?戴上墨鏡公主就看不見月亮了。」

國王不同意，說：「公主戴上墨鏡，走路會摔倒的。」

數學大師在房間裡來回走著，低頭沉思，忽然他止住腳步，說：「有辦法了陛下。放鞭炮！放鞭炮和火花，把黑夜照得如同白晝一樣，月亮這不就看不見了嗎？」

國王搖搖頭，說：「鞭炮聲太響，肯定吵得公主睡不著覺。」

這時，月亮已經升上樹梢。國王只好再去請教小丑。

小丑這回也沒細想，胸有成竹的說：「陛下，我們還是問問雷娜公主吧。」

小丑走進小公主臥室內時，她已經靜靜躺在床上了，但還沒睡著。

小丑問公主：「月亮怎麼能夠同時掛在天空和妳脖子上呢？」

雷娜公主笑了，說：「你真傻，這有什麼奇怪。我掉了一顆牙齒之後便又長出來一顆新牙齒，採掉一枝花朵後又會長出新的一朵花，白天過後是黑夜，黑夜過後又是白天。月亮也是這樣，什麼事都是這樣。」小公主的聲音越來越小聲，慢慢闔上了眼睛，臉上浮出了甜甜的微笑。

小丑給公主蓋好毯子，輕手輕腳的走出了房間。

「解鈴還需繫鈴人」，試著把麻煩推給製造它的人，你往往會在「山重水複疑無路」的情況下，發現「柳暗花明又一村」。

一則新聞

「新聞太多，版面不夠，最多只能寫三十個字。」編輯對採訪記者說。

於是，報紙刊登了以下一段新聞：

『婦人在巴勞街行人穿越地道踏蕉皮滑倒，運送大學診所，診斷為斷腿。』

新聞刊出後，立即有反應，報社接到一封掛號信，一名香蕉出口商這樣寫道：

『本公司嚴重抗議貴報有損本公司產品之聲譽。過去數月來，貴報最少刊登了十四則對香蕉出口商不利的消息，本公司認為貴報此舉乃蓄意誹謗。』

同時大學診所主任也來信，指「運送」二字用詞不當，有暗示該診所「把人當貨物般運送」之嫌，這肯定不是他診所的一貫做法。此外，他強調，「本人能證明該名婦人實因跌倒而斷腿，非如報章所惡意中傷，認為是送院所致。」

此外，該市土木工程部門的人員也來電指出，該名婦人跌倒與行人穿越地道的路面情況無關。又說行人安全斑馬線委員會經過六年的研究，不久將提出一份報告，因此希望報社在未來數月中盡可能避免提起行人穿越地道。

第二天，報社修改了這則新聞，這樣登出來：『婦人在街上失足，腿斷。』

次日，編輯只收到兩封信。第一封是婦女人權組織怒氣沖沖的來信。信中說：「本組織強烈反對貴報用婦人失足等歧視性字眼，引起『墮落女人』的不當聯想，這證明在男權至上的社會中，婦女形象再一次受到大男人不忠實的污蔑。」該信並揚言會採取法律行動、聯合抵制以及其他手段對付報社。

另一個反應來自一名記者，他要求取消訂閱該報，理由是該報刊登的毫無價值、毫無意義的新聞越來越多。

不同的人站在不同的立場上會持不同的意見。我們做任何事情，都要把可能引起的各種不良後果考慮清楚。

畫家和他的一幅畫

從前有位畫家，想畫出一幅人人見了都喜歡的畫。畫完後他拿到市場上展出。畫旁放了一支筆，並附上說明：每位觀賞者如果認為此畫有欠佳之筆，均可在畫中做上記號。晚上，畫家取回了畫，發現整個畫面都塗滿了記號——沒有一筆一畫不被指責。畫家十分不高興，對這次嘗試深感失望。

畫家決定換一種方法去試試。他又畫了一張同樣的畫拿到市場展出。可是這一次，他要求每位觀賞者將其最為欣賞的妙筆都標上記號。

當畫家再取回畫時，他發現畫面又被塗遍了記號——一切曾被指責的筆劃，如今卻都換上了讚美的標記。

「哦，」畫家不無感慨的說道，「我現在發現了一個奧妙，那就是：我們不管做什麼，只要使一部分人滿意就夠了。因為，在有些人看來是醜惡的東西，在另一些人眼裡則恰恰是美好的。」

生活就是這樣，你不能企求盡善盡美、人人滿意。使一部分人滿意就足夠了，否則，你將可能無所適從。

一隻毛蟲

一隻毛蟲蜷縮在一片綠葉上。在牠的四周，有的動物在歌唱，有的在奔跑，有的在飛翔。沒有不在運動的昆蟲，沒有靜止的水滴，沒有靜止的樹葉。只有可憐的毛蟲發不出聲音，沒有力量奔跑和飛翔。如果說，牠能動的話，只能動一點點，而且感到那麼累，又那麼遲緩。

牠從一片葉子爬到另一片葉子，就覺得整個世界都翻過了一遍。但是，毛蟲從來不忌妒比牠強的人。牠知道，牠只是一隻毛蟲；而且知道，像牠這樣的毛蟲應當學會拉出極細的絲，以精湛的技藝織出自己的小屋。因此，牠非常勤奮的工作。最後把自己包在與世隔絕的繭裡。

毛蟲盡了自己的職責。今後牠怎麼辦呢？牠能做些什麼呢？

「現在，我怎麼辦呢？」毛蟲歎息著問。

「現在，你要等待，」一個聲音回答牠，「你要有點耐心，等著瞧吧！」

這種聲音安慰著毛蟲，使牠進入夢鄉。

當牠醒來時，一切都變得令人驚豔，一切都變得與過去不同了。牠帶著一雙五彩繽紛的翅膀從繭中飛出來，飛上了天空。

每個人都要有自己的生活，每個人都會有屬於自己的未來。當處於低潮時，不要浮躁，也不要盲目羨慕別人，要踏踏實實的做好自己份內的工作。

臥室裡的鱷魚

有條鱷魚對牠臥室裡的糊牆紙越看越喜歡，一直注視著它好久好久。

有一次，牠自言自語的說：「看看這一排排整潔的花朵和葉子，它們就像一個個士兵那樣排列得整整齊齊。」

「親愛的，」鱷魚的妻子說，「你在床上待的時間太久了，快到花園裡來吧，這裡空氣新鮮、陽光充足。」

「好吧，如果妳一定要我這麼做，那麼就請妳稍微等一會兒。」為保護眼睛不受到陽光的照射，牠戴上了一副深色的眼鏡，隨後走了出去。

鱷魚的妻子為自己有這樣一個美麗的花園感到驕傲。她說：「看看這些一丈紅和萬壽菊，再聞聞那玫瑰和百合花……」

「天哪，」鱷魚大叫道，「這花園裡的花和葉子長得這麼參差不齊，凌亂不堪，一點秩序也沒有，太糟了，太糟了。」

鱷魚非常生氣的回到自己的臥室。可是當牠一看到牠的糊牆紙時，就高興的把剛才的一切都忘光了。

「啊，」鱷魚歎道，「這裡才算是一個美麗的花園呢。這些花兒使我覺得多麼的快樂，多麼的安寧啊！」

從此以後，鱷魚很少離開那張床，牠一直躺在那裡朝著牆壁微笑。最後牠變成了一條面色蒼白、容貌憔悴的鱷魚。

越是真實的世界，越是多彩多姿、形態萬千的。我們不能戴著有色眼鏡去觀察世界，更不應該用刻板、想像中的理想模式去渴求自然界的萬事萬物。

講故事的人

有一個人，他村子裡的人都喜歡他，因為他常常講故事給他們聽。每天早晨他離開村子去別處，到傍晚才回來。他回來的時候，全村子的長工忙了整整一天，準備休息了，便都來圍著他對他說：「現在給我們講個故事吧。你今天看見了些什麼？」

這個人說：「我在林子裡看見了畜牧神在吹笛子，讓一群小仙女跳舞。」

「講下去，你還看見了什麼呢？」人們會這樣說。

「我走到海灘，我看見三個人魚在浪邊用金梳子梳她們的綠色頭髮。」

村子裡的人喜歡他，因為他常講故事給他們聽。

有天早晨，他像平日那樣離開了村子，當他走到了海灘時，看見三個人魚在海邊用金梳子梳她們的綠色頭髮。他在路上又看見樹林旁邊有一個畜牧神在對著一群仙女吹笛。

那天傍晚，他回到村子的時候，人們像每晚那樣的對他說：「給我們講個故事吧，你看見了些什麼？」

那個人回答道：「我什麼都沒有看見。」

故事就是故事。在聽別人講故事的時候，不要事事當真，因為故事裡面虛構的成分居多。

猴子和老虎

猴子發現老虎向山上走去，心想，山上一定有鮮美的桃林，否則，老虎就不會離開家園，不辭辛苦的向山上爬。

猴子抄近路，飛一般的搶在老虎的前面，翻過一座山後，果然有一片桃林出現在眼前。猴子怕老虎跟上來與牠爭吃桃子，趕快爬到樹上，抓著樹枝把桃子全搖落下來，然後轉移到草叢中。

猴子躲藏在一旁的大樹後面偷偷觀察著老虎的行動。而老虎從這裡經過時仍是一步一個腳印的走著。猴子的心中又暗暗嘀咕起來：前面一定有更美好的桃林，要不然，老虎怎麼還繼續前行呢？

猴子又抄近路，飛一般的搶在老虎前面，果然，又一片更大更好的桃林出現在牠的眼前。牠趕快搖落下樹上的桃子，藏在草叢中……

老虎仍然一步一步的走著自己的路。在一座四周極開闊的山頭上，老虎停了下來。牠四下張望，山上山下所有動物的活動情況都盡收眼底。牠選定了自己要獵取的目標、角度、時機，一股作氣的撲了下去……

這時，躲在不遠處偷看的猴子才明白：原來老虎所要尋找的並不是桃子。因此，猴子趕快順著原路往回跑，可是那藏在草叢中的一堆堆桃子已被螞蟻、蟲子糟蹋得不成樣子，有的已被別的動物搬走了，有的則已經被雨水浸爛了。

在追求自己理想的時候，實在不該把精力浪費在無謂的競爭中，否則，你會失去一些原本可能得到的成果。

挑水之道

有一位武術大師，隱居於山林中，因為他的名聲，人們都千里迢迢來尋找他，想跟他學些武術方面的竅門。

他們到達深山的時候，發現大師正從山谷裡挑水。他挑得不多，兩個木桶裡水都沒有裝滿。按他們的想像，大師應該能夠挑很大的桶子，而且挑得滿滿的。

他們不解的問：「大師，這是什麼道理？」

大師說：「挑水之道並不在於挑多，而在於挑得夠用。一味貪多，適得其反。」

眾人越發不解。

大師從他們中拉了一個人，讓他重新從山谷裡打了滿滿兩桶水。那人挑得非常吃力，搖搖晃晃，沒走幾步就跌倒在地，水全都灑了，那人的膝蓋也摔破了。

「水灑了，豈不是還得回頭重打一桶嗎？膝蓋破了，走路艱難，豈不是比剛才挑得還少嗎？」大師說。

「那麼大師，請問具體挑多少，怎麼估計呢？」

大師笑道：「你們看這個桶。」

眾人看去，桶裡畫了一條線。

大師說：「這條線是底線，水絕對不能高於這條線，高於這條線就超過了自己的能力和需要。起初還需要畫一條線，挑的次數多了以後就不用看那條線了，憑感覺就知道是多是少。有了這條線，可以提醒我們，凡事要盡力而為，也要量力而行。」

眾人又問：「那麼底線應該定多低呢？」

大師說：「一般來說，越低越好，因為這樣低的目標容易實現，人的勇氣不容易受到挫傷，相反會培養起人更大的興趣和熱情。長此以往，循序漸進，自然會挑得更多、挑得更穩。」

♣ 挑水如同武術，武術如同做人。循序漸進，逐步實現目標，才能避免許多無謂的挫折。好高騖遠，想一蹴而就，不但違反自然，而且寸步難行。

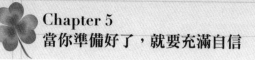

年輕詩人和老鐘錶匠

從前，德國有一位很有才華的年輕詩人，寫了許多吟風詠月、寫景抒情的詩篇。可是他卻很苦惱，因為，人們都不喜歡讀他的詩。

這到底是怎麼一回事？難道是自己的詩寫得不好嗎？不，這不可能！年輕的詩人向來不懷疑自己在這方面的才能。於是，他去向父親的朋友——一位老鐘錶匠請教。

老鐘錶匠聽後一句話也沒說，把他帶到一間小屋裡，裡面陳列著各式各樣的名貴鐘錶。這些鐘錶，詩人從來沒有見過。有的外形像飛禽走獸，有的會發出鳥叫聲，有的能奏出美妙的音樂……老人從櫃子裡拿出一個小盒，把它打開，取出了一支樣式特別精美的金殼懷錶。這只懷錶不僅式樣精美，更奇異的是：它能清楚的顯示出星象的運行、大海的潮汛，還能準確的標明月份和日期。

這簡直是一支「魔錶」，世上到哪裡去找呀！詩人愛不釋手。他很想買下這個「寶貝」，就開口問錶的價錢。老人微笑了一下，只要求用這「寶貝」，換下青年手上的那支普普通通的錶。

詩人對這支錶珍愛極了，不論吃飯、走路、睡覺都戴著它。可是，過了一段時間之後，漸漸對這支錶不滿意起來。最後，竟跑到老鐘錶匠那兒要求換回自己原來那支普通的手錶。老鐘錶匠故作驚訝，問他對這樣珍異的錶還有什麼感到不滿意。

年輕詩人遺憾的說：「它不會指示時間，可是錶本來就是用來指示時間的。我帶著它不知道時間，要它還有什麼用處呢？有誰會來問我大海的潮汛和星象的運行呢？這錶對我實在沒有什麼實際用處。」

老鐘錶匠還是微微一笑，把錶往桌上一放，拿起了這位年輕詩人的詩集，意味深長的說：「年輕的朋友，讓我們努力做好各自的事業吧。你應該記住：怎樣給人們帶來用處。」

詩人這時才恍然大悟，從心底裡明白了這句話的深刻含義。

對社會有用的人才受青睞，立足生活才能實現自己的價值。與其追求華而不實的東西，不如腳踏實地的做些更加實在的事情。

最珍貴的禮物

有個國王添了一個愛漂亮的王子，在孩子洗禮的那一天，有十二個仙女受上帝的派遣前來祝賀，每一個仙女都帶來了珍貴的禮物。

第一個仙女帶來的禮物是智慧，國王很高興的收下了。第二個仙女帶來的是珍寶，國王同樣高興的收下了。第三個帶來的是力量，第四個帶來的是財富，第五個帶來的是英俊，第六個帶來的是情感，第七個帶來的是健康，第八個帶來的是朋友，第九個帶來的是愛情，第十個帶來的是知識，第十一個帶來的是關懷，國王都十分高興的一一收下了。但是到了第十二個的時候，國王愣住了，因為她帶來的禮物是不滿。國王認為，我的兒子什麼都不缺少，要什麼有什麼，怎麼能夠讓他有不滿呢？他毫不猶豫的拒絕了這個仙女的禮物，國王甚至對這個仙女有些不客氣。

隨著歲月的流逝，王子漸漸長大了，繼承了王位的他，英俊漂亮，性情溫和，身體健康。但是，在他的心靈裡，卻沒有那種因為不滿而產生追求未來的雄心大志，沒有因為不滿而產生要建功立業的抱負。對已經擁有的什麼都滿意，對自己的國家什麼都滿意，對於再平庸的大臣，也沒有什麼不滿意的，從來都不想著改革創新，從來都不想著勵精圖治。久而久之，因為他每一天都在自得意滿的狀態中，大臣們也都變得不思進取。他的國家落後了、窮困了，很快淪落為一個落後的國家，不久被鄰國吞併了。

在他的國家被消滅的時候，老國王還沒有死。面對災難，他幡然醒悟，原因是他把上帝送給兒子最珍貴的禮物拒絕了。

魯迅先生說過：「不滿是向上的車輪。」唯其不滿，才有追求；唯有不斷的追求，才有不斷的進步。

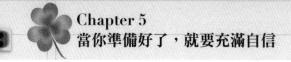

看到了什麼

父與子父親帶著三個兒子到草原上獵殺野兔，在開始行動之前，父親向三個兒子提出了一個問題：「你們看到了什麼呢？」

老大回答道：「我看到了我們手裡的獵槍、在草原上奔跑的野兔、還有一望無際的草原。」

父親搖搖頭說：「不對。」

老二的回答是：「我看到了爸爸、大哥、弟弟、獵槍、野兔，還有茫茫無際的草原。」

父親又搖搖頭說：「不對。」

而老三的回答只有一句話：「我只看到了野兔。」

這時，父親才說：「你答對了。」

漫無目標，或目標過多，都會阻礙我們前進。心無旁騖的追求主要目標，才是明智的行為。

心急的鬣狗

鬣狗有幸同時被邀請到兩個城市去參加午宴。

天一亮，鬣狗興高采烈的跑到了第一個發出邀請的城市。看到屠夫正在宰牛，牠沒有等，而是急急忙忙跑向第二個城市。

到了那裡，看見廚師正在洗米，這時是清晨八點鐘。

牠又飛快的跑到第一個城市，只見飯正在爐子上煮著，還沒有做好。

牠片刻未停，再奔往第二個城市。

到那裡一看，服務人員正在給一個個座位鋪席；牠沒有停留，此時鐘正指著十點。

牠又返回第一個城市，看到人們正在盛飯。

片刻未停，又非常快的第三次來到第二個城市，看到服務人員在擦盤子。牠一分鐘也沒等待就又匆匆離去。

這時已是中午十二點鐘。

由於牠疾步不停的三次往返，饑渴勞累，嘴裡不停的滴著口水。

牠第四次來到第一個宴請它的地方，客人們正宴罷散去；再到第二個宴請牠的地方，人們也已酒足飯飽，這時已經是下午兩點鐘了。

兩處豐盛的宴席，鬣狗都沒有吃到，最後只能舔點殘羹剩飯和撿點骨頭充饑。

人生有時更需要等待。最後的勝利，往往屬於那些有耐心、不急躁的人。

Living without an aim is like sailing without a com

Chapter 6

要戰勝誘惑，需要更多勇氣

Beware beginnin

老鼠和飛來的口福

在一個青黃不接的初夏，一隻在人家倉庫裡覓食的老鼠意外的掉進了一個盛得半滿的米缸裡，這飛來的口福使老鼠喜出望外，牠先是警惕的環顧了一下四周，確定沒有危險之後，接下來便是一陣狂吃猛吃，吃完倒頭便睡。

老鼠就這樣在米缸中吃了睡，睡醒了再吃。日子不知不覺的在豐衣足食的悠閒中過去了。有時老鼠也曾為是否要跳出缸去進行過痛苦的抉擇，但終究未能擺脫白花花大米的誘惑。直到有一天，牠發現米缸見了底，才覺得以米缸現在的高度自己就是想跳出去，也沒有這個能力了。

對於老鼠而言，這缸米就是一塊試金石。如果牠想全部據為己有，其代價就是自己的生命。因此，學者把老鼠能跳出缸外的高度稱之為「生命的高度」。而這高度就掌握在老鼠自己的手裡，牠多留戀一天，多貪吃一寸，就離死亡更近一步。

對於老鼠來說，擁有一整缸的大米，無疑是一件幸福、快樂的事。但最後使牠葬身的，也正是這缸大米。

《紅樓夢》裡說：「身後有餘忘縮手，眼前無路想回頭。」清醒的認識潛在的危險，在適當的時候和地方止步，戰勝誘惑，往往需要更多的智慧和更大的勇氣。

兩把寶劍

鐵匠打了兩把寶劍。剛剛出爐時它們一模一樣，又笨又鈍。鐵匠想把它們磨利一些。其中一把寶劍想，這些鋼鐵都來之不易，還是不磨為妙。它把這想法告訴了鐵匠。鐵匠答應了它。鐵匠去磨另一把劍，另一把沒有拒絕。經過長時間的磨礪，一把寒光閃閃的寶劍磨成了。

鐵匠把那兩把劍掛在店鋪裡。不一會兒就有顧客上門，他一眼就看上了磨好的那一把，因為牠鋒利、輕巧、合用。而鈍的那一把，雖然鋼鐵多一些、重量大一些，但是無法把它當寶劍用，它充其量只是一塊劍形的鐵而已。

同樣出自一個鐵匠之手，同樣的功夫打造，兩把寶劍的命運卻是這樣天壞之別！鋒利的那把又薄又輕，而另一把則又厚又重，前者是削鐵如泥的利器，後者則只是一個中看不中用的擺設、一個包袱。

人生的道理，也與此類似。人生的目的不是面面俱到、不是多多益善，而是把已經掌握的東西得心應手的去運用，它跟寶劍一樣，劍刃越薄越好，重量越輕越好。

多餘的東西，都像劍刃上多餘的鋼鐵，不但毫無用途，還是一種障礙。因此，應該毫不吝惜的磨掉！

金鳥和銀鳥

有一個樵夫，每天上山砍柴，日復一日，過著平凡的日子。

有一天，樵夫跟平常一樣上山砍柴，在路上，他撿到一隻受傷的銀鳥，銀鳥全身包裹著閃閃發光的銀色羽毛，樵夫欣喜說：「啊！我一輩子從來沒有看過這麼漂亮的鳥！」於是把銀鳥帶回家，專心替銀鳥療傷。

在療傷的日子裡，銀鳥每天唱歌給樵夫聽，樵夫過著快樂的日子。

有一天，鄰人看到樵夫的銀鳥，告訴樵夫他看過金鳥，「金鳥比銀鳥漂亮上千倍，而且，歌也唱得比銀鳥更好聽」。樵夫想著，原來還有金鳥啊！

從此，樵夫每天只想著金鳥，也不再仔細聆聽銀鳥清脆的歌聲，日子越來越不快樂。

有一天，樵夫坐在門外，望著金黃的夕陽，想著金鳥到底有多美？此時，銀鳥的傷康復了，準備離去。

銀鳥飛到樵夫的身旁，最後一次唱歌給樵夫聽，樵夫聽完，只是很感慨的說：「你的歌聲雖然好聽，但是比不上金鳥；你的羽毛雖然很漂亮，但是比不上金鳥的美麗。」

銀鳥唱完歌，在樵夫身旁繞了三圈告別，向金黃的夕陽飛去。

樵夫望著銀鳥，突然發現銀鳥在夕陽的照射下，變成了美麗的金鳥；他夢寐以求的金鳥，就在那裡。只是，金鳥已經飛走了，飛得遠遠的，再也不會回來。

人常常在不知不覺之中成了樵夫，自己卻不知道：原來金鳥就在自己身邊。只希望大家都不要無意間變成了樵夫。

一個人要想生活得幸福、愉快，千萬不要這山望著那山高。民間流傳著這樣一副對聯：「事能知足心常樂，人到無求品自高。」這值得我們反復品味。

鞋匠和一百塊錢

一個補鞋匠從早到晚哼著歌，他的曲調明快歡樂，他的快活也感染了別人，聽到這歌聲，人們的心情都快樂起來。

鞋匠有個財主鄰居，與鞋匠恰恰相反，極少唱歌和睡覺。他把錢縫到衣服襯裡還擔心丟失，有時到了黎明才昏昏入眠，可是鞋匠的歌聲又把他鬧醒。財主於是抱怨老天爺，怎麼不像賣品飲料那樣也賣些睡眠給我呢？

這天，財主讓人把那個正在哼歌的鞋匠請到自己的家裡，問道：「格里古瓦先生，我想知道您一年能賺多少錢？」

「一年？說真的，老爺，」快樂的鞋匠用愉快的聲調回答，「我可不用這種方式計算收入。我也不是天天可以賺到錢的，只要能混到年尾也就可以了，過一天算一天。」

「是這樣嗎？那你一天能賺多少錢？」

「時少時多，倒楣的事也不是沒有，要不然收入還相當可觀。主要是一年中總有些日子要歇工。人們一過節我們可就慘了。真是有人歡樂有人愁。可是本地神父在佈道時還在不斷的公佈新的聖人紀念日。」

財主見他如此憨厚，就笑著對他說：「我今天要讓你像當上國王一樣。來，把這一百塊錢拿去收好，今後會派上用場的。」

鞋匠這時彷彿看到這是自己一輩子的全部財富一般。他回到家裡，把錢藏在地窖裡，不知不覺也把歡樂同時埋藏了起來。自從他得到這筆勞神憂愁的錢以後，他便失去了往日愉快的歌喉，也失去了睡眠。

憂慮、懷疑和驚嚇常來騷擾他。他的眼睛瞪得大大的，到了夜晚稍有動靜，就以為連貓也會偷錢。最後，這個可憐鞋匠不得不跑到那個已不再被他歌聲吵醒的財主家裡，對財主說：「把我的歌聲和睡眠還給我，這一百塊錢你拿回去吧！」

金錢能買房子，但是買不到家；能買到短暫的快樂，但是買不到幸福。如果不能正確對待、使用金錢，它不但無法成為你的工具，或許你還會成為牠的奴隸。

樵夫和有魔力的罐子

從前，在庫爾德凡有一個樵夫。一天，他進山砍柴，在一個幽靜美麗的林間空地上，看到十個男人圍著一個陶製的大罐子坐著。他們不斷的從罐中取出吃的和喝的，要多少，有多少。他們一邊盡情吃著喝著，一邊高談闊論。樵夫在旁看了一會兒，便上前和他們搭訕。沒一會兒，樵夫便跟他們攀談得十分投機。

他們之中有一個人對樵夫說：「你如果有什麼要求，儘管說，我們一定滿足你的願望。」原來，這些男人都是通曉法術的大師。樵夫便向他們要那個陶瓷罐子。

他們說：「你可以拿走這個罐子，只是它很難保管。要是打碎了，那實在太可惜啦。因為，再也造不出第二個了。這個罐子只要一打碎，你便立即失去以前從罐子裡所得到的一切。因此，你還是不要去想這個罐子，寧可選擇另外一件對你更為實用的東西吧！」

樵夫不願聽從這個勸告，仍然堅持道：「我要這個罐子，我只要這個罐子！我會像愛護自己腦袋一樣保護好它的。」就這樣，魔法師們便將這個陶瓷罐子送給了他。

樵夫自得到罐子後，借助於罐子的魔力很快就成了擁有巨大財富的大富翁。

有一次，他邀請他的朋友們吃飯。飯後，他拿出這個使他致富的罐子向朋友們炫耀。朋友們看到這個容器都十分驚奇。

樵夫得意忘形的將罐子頂在頭上，高興的喊著：「啊！你真是我的財神爺！」

他開始跳起舞來。剛跳到一半，他突然腳底一滑，朝前一跤跌倒，罐子便從他的頭上滑下來，頓時砸得粉碎。一瞬間，他的全部財富也都不翼而飛了。樵夫又變成和以前一樣的窮光蛋。

賺錢容易守財難。過分炫耀和無度揮霍等很多不適當的行為，都可能會使你失去已經積存的大量財富。

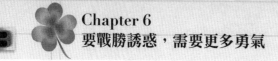

遭遇強盜的兩匹騾子

兩匹滿載背包的騾子長途跋涉，一匹馱著裝滿財寶的背包，另一匹馱著裝滿穀物的背包。

馱著財寶的騾子昂著頭，不斷的搖動繫在頸部的鈴，使之發出清脆的聲音。突然，一班強盜從隱蔽的地方衝出來打劫。在格鬥中，一個強盜用一把短刀刺傷了那馱財寶的騾子，將財寶搶劫一空；而那馱著穀物的騾子根本沒有引起強盜的注意。

受傷的騾子哭訴牠的不幸，另一匹卻說：「我很高興強盜不看重我，我沒一點損失，也沒有受傷。」

財富是一把雙刃劍。過多的財富並不值得誇耀，倒是要小心它可能會帶來的災難。

乞丐和命運女神

一個乞丐身背一個破舊的褡褳袋，挨家挨戶乞討。他一面抱怨自己的命運太壞，一面觀察著人世間的奇怪事情。

有些身住高樓大廈的人們，金銀財寶花之不盡，生活富裕舒適。可是無論錢袋多滿，他們卻從來不知滿足。甚至有的人窮奢極欲，貪得無厭，到後來往往落得傾家蕩產，一無所有。

例如，那幢房子的舊主人，經營買賣本來一帆風順，賺了一大筆錢。但他不肯適可而止，安享晚年，卻在春天派船出海，想在海外再賺回一座金山。可是船在海上遇了難，船上的金銀財寶全被大海吞沒，船也沉入海底，他想發財的願望也就變成了一場夢。

另一位，原本做著承包生意發財致富，本來已經賺到了上百萬，但是他總想再翻一倍，由於貪心，結果徹底破產。簡而言之，這樣的例子數不勝數。

突然，命運女神出現在乞丐面前，和藹的說道：「其實我早就想幫助你，我搜集了一大堆金幣。請你把袋子打開，你要用金幣把它裝滿。不過有一個條件：落入袋子的將全是金幣，如果金幣從袋子裡掉在地上，那就會立刻化為塵埃。請當心，我已預先警告了你，你要嚴格遵守這個條件。你的袋子已經破舊不堪，可別裝得太多，免得被撐破。」

乞丐聽完，高興得幾乎無法呼吸，他覺得自己似乎飄了起來，一時間有些得意忘形！

他連忙把袋子奮力撐開，於是閃閃發光的金幣，就像黃金雨似的流進褡褳袋，袋子越來越沉。

「夠了嗎？」

「不夠。」

「可不要把袋子撐破！」

「無須顧慮。」

「瞧，你現在已經十分有錢了，就要成為大財主啦。」

「請再給一點，哪怕是一小攢金幣！」

「喂，滿了！你看，袋子要破了！」

「再給一點點吧！」

袋子突然被撐破了，金幣全都灑在地上，變成了一堆塵埃。命運女神不見了，眼前只剩下褡褳袋，乞丐又跟以前一樣一貧如洗，只好繼續沿街乞討。

♣ 俗話說：「欲壑難填。」人的欲望是沒有止境的。但是過分貪婪的結果往往會導致一無所有，得不償失。

兩個撿到金子的人

從前，有兩個人，一個是高個子，一個是矮子。他們一起外出，誤入了一座人跡罕至的深山之中。正在走著，高個子突然發現：「我們走到金山裡來了。」

「金山？」矮子奇怪的問。

「對，這裡就是金山。」

「你怎麼知道的？」

「先看看你的腳下。」

聽高個子這樣說，矮子彎下腰去看自己的腳，才知道自己正踩在一塊很大的金子上。

「我們變成富翁了！」高個子和矮子興奮得放聲大叫，空曠的山谷裡傳來他們的回聲：「我——們——變——成——富——翁——了——」

他們激動得手都發抖了，立即拿出隨身所帶的袋子往裡面放金塊。沒多久，各自裝了滿滿一大袋金子，但是卻沒有辦法將袋子扛起來。

「這該怎麼辦才好？」高個子問。

「辦法很簡單，」矮子一邊說，一邊把口袋裡的金子倒出一半來：「這樣，我們就可以上路了。」高個子有些猶豫，捨不得往外扔金子，而矮個子已經把袋子扛到肩上。

矮子對高個子說：「還考慮什麼？快把袋子裡的金子倒出一半來。」

矮子見高個子仍然猶豫不決的那副樣子，便解釋說：「既然扛不動滿滿一袋，就得想個解決辦法，我看裝了半袋金子也足夠了。」

高個子認為半袋太少，但滿滿一袋又實在扛不動，只好勉強倒出一點來。

「你總是這樣貪心，我先走了。」矮子說完，邁步朝前走去。

高個子從口袋裡倒出一點金子來，但仍然扛不動，折騰了好一陣子，最後只得倒掉半袋，才能扛上肩出發回家。走了一段路，見矮子坐在樹蔭下等他，也就到那兒坐下歇息。

矮子對高個子說：「怎麼樣，我早就跟你說要倒掉一半才揹得動嘛。」

「你說得對。」高個子無可奈何的回答。

「就算是這半袋，我們也恐怕很難把其中的二分之一帶出森林去。」

「為什麼？」

「因為我們還要爬許多山，照目前這種速度，起碼還要走四、五天。我們的力氣會越來越小，我們會覺得肩上扛的袋子越來越重。最後，我們就會沒有力氣扛這半袋金子。」

「那又怎麼辦？」

「我們只好再扔金子。」

「還要扔金子？」

「是的。還要扔金子，直到剩下我們所能帶的那一點兒。」

「這樣一來，我們只能得到一點點金子了。」

「憑良心說，也不算很少。」

「糟糕透了，拼著老命，最後才得到一點點金子。」

「即使是一點點，也能使我們變得很富裕了。」

儘管他們的看法不同，但還是一致認為，不管怎麼說，還是先往前走，以後的情況如何，到時就能明白。他們又走了很久，兩人都覺得肩上那半袋金子太沉重了，壓得他們走不動了，只得再次坐下來休息。

「現在我們該怎麼辦？」高個子問。

「我早說過了，我們還必須扔掉一些金子，按我們的力氣能揹多少就剩下多少。」矮子回答。

高個子說：「我不扔，我要把這半袋金子統統扛回家去。」

「隨你的便。」矮子一邊說一邊扔掉一些金子，然後扛起袋子繼續趕路。

至於那個高個子，反而把矮子扔掉的金子撿起來，塞到自己的袋子裡，然後十分費勁的把袋子扛上肩，氣喘吁吁的跟在同伴的後面，艱難的挪動著步伐。

要走出這密密麻麻連成一片的大森林，還必須翻越好幾個山巒，因為他們正是沿著這唯一的一條小道進山來的，現在也必須循著這條路出去。

「我肩上的負擔減輕了，我走起路來比你輕鬆，」矮子對高個子說。

而高個子卻說：「我雖然比你費勁，但我的金子比你多，回到家裡，我比你有錢，比你闊氣，比你過的好。因為你只圖眼前的輕鬆，一再把金子扔掉。」

「你理解錯了。」矮子說，「我不是個偷懶的人，也並非只顧眼前的輕鬆。我是一個講究實際而又知道滿足的人，不貪心就是。」

又走了一陣，高個子終於堅持不住了，叫嚷起來：「停一下，我實在走不動了。」

矮子停住腳步，他也覺得又餓又累，需要休息一會兒。

「這東西越來越沉。」矮子一邊叨念著，一邊又把自己的金子再扔掉一些。

高個子見同伴扔金子，又趕緊把它撿到自己的口袋裡。矮子見了，大笑起來，問：「你難道不想回家了嗎？」

「這還要問。」

「你真想回家，為什麼要加重你的包袱？你這樣做一定會倒在半路，回不到家的。」

「我有把握能把金子揹回家。」

「我明白，你有這個心，但無這個力。你這樣做，是你的貪婪本性造成的。」

「不管你怎麼說，我只要能把這些金子弄回家就行。」

這樣，他倆又繼續上路。沒走幾步，又停下來，他們的確太累了。矮子又扔掉幾塊金子，高個子又一塊不漏的撿進自己的袋子。但他已經兩腿顫抖，只覺得天旋地轉，兩眼一黑，終於摔倒在地上，斷了氣。

☘ 不要太貪婪。要講究實際需要，知道滿足和量力而行。沒有節制的去滿足難於填平的欲壑，會使自己受累一生。

守財奴和遺失的金塊

有個守財奴變賣了他所有的家產，換回了金塊，並祕密的埋在一個地方，他每天走去看看他的寶藏。

有個在附近放羊的牧人留心觀察，知道了真情，趁他走後，挖出金塊拿走了。

守財奴再來時，發現洞中的金塊沒有了，便捶胸痛哭。

有人見他如此悲痛，說道：「喂，朋友，別再難過了，那塊金子雖是你買來的，但並不是你真正擁有的。去拿一塊石頭來，代替金塊放在洞裡，只要你心裡想著那是塊金子，你就會很高興。這樣與你擁有真正的金塊效果沒什麼不同。依我之見，你擁有那金塊時，也從沒用過。」

一切財物如不使用，等於沒有。把錢用在刀刃上，才能增加人生的樂趣，昇華生命的意義。

偷吃的猴子

在阿爾及爾地區的長拜爾有一種猴子，非常喜歡偷食農民的玉米。當地的農民根據這些猴子的特性，發明了一種捕捉猴子的巧妙方法。

農民們把一隻葫蘆形狀的細頸瓶子固定好，繫在大樹上，再在瓶子中放入猴子們最愛吃的玉米，然後就靜候佳音了。

到了晚上，猴子來到樹下，見到瓶中的玉米十分高興，就把爪子伸進瓶子去抓玉米。這瓶子的妙處就在於猴子的爪子剛剛好能夠伸進去，等牠抓一把玉米時，爪子卻怎麼也抽不出來了。貪婪的猴子絕不可能放下已到手的玉米，就這樣，牠的手怎麼樣也抽不出來，牠就死死的守在瓶子旁邊。直到第二天早晨，農民把牠抓住的時候，牠依然不會放開爪子，直到把玉米放入嘴中。

人當然要比猴子聰明許多，但如果把玉米換成金錢、權力等種種誘惑，上當的恐怕就是人而不是猴子了。

《聖經》上說：「對金錢的追求是所有罪惡的來源。」即使不是所有罪惡的源泉，也是大部分罪惡的源泉。其實罪惡並不來源於金錢的本身，而是來源於對金錢的貪婪和欲望。這種欲望侵蝕著我們的心靈，使我們在不知不覺中失去了理智。

受傷的小狗

當卡爾七歲的時候，有一天，在放學途中，他發現了一隻迷路的雜種狗。那是隻被丟棄的雜種狗，可是對一個小男孩而言，牠是隻非常可愛的雜種狗。卡爾叫牠「賈斯特」，從此他們片刻不離。

卡爾只在去上學的時候沒跟牠在一起。有一次，他甚至偷偷把牠帶到學校去。不過老師通知了卡爾的父母，他回家後便被打了一頓，並且必須答應從此不再帶牠去學校。

有一天，卡爾發現賈斯特的右眼下方有個小傷口，之後陸續有其他的傷口出現在牠的毛髮下面和耳朵四周。他知道自己的父親絕不會在一隻流浪狗身上花任何錢，所以用自己的方法，每天用肥皂清洗牠的傷口，然而情形愈來愈糟。等到最後，他不得已求助父親時，想必他的沮喪和絕望的神情一定十分明顯。

父親並未責罵他。父親看看他，再看看狗，甚至沒問兒子什麼，便叫他帶著狗一起到車上去。

他們開車來到鎮上的獸醫診所。醫生只看了一眼傷口，便立刻瞭解了病情。醫生走到他的藥櫃前，取出一整盒藥丸——那是可以醫治小狗的藥丸。他似乎並不覺得特別嚴重，只吩咐卡爾在頭三個星期，早晚讓狗各服一粒藥丸；接下來三周，每天早晨讓狗服用一粒。醫生告訴卡爾，如果情況不見好轉，六個星期後再帶狗回來複診。

卡爾高興極了。當天晚上，他給牠吃了第一顆藥，然後第二天早上上學之前又給牠吃第二顆。由於那天卡爾急著去上學，便把盛藥的盒子就放在書桌上，而忘了把它放在抽屜內。

它們一定是味道很好的藥丸，至少對狗來說是如此。因為那天白天不知什麼時候，賈斯特跳到書桌上，把藥盒咬開，將所有藥丸都吃進去了。

卡爾從學校回家後，發現他的狗倒臥在臥室地板上沉睡，從此不再醒來。那些原本可令牠逐漸好轉的藥丸，就在片刻之內全部吃完，終於奪走了牠的生命。

人生的很多欲求如同藥物一般，如果誤用或貪多，結局就會是一場悲劇。

走私客

海關工作人員破獲了一起巨額走私案。但在混亂中，一名走私客帶著巨額走私品逃掉了，警方下令追捕這名逃犯。

走私客心想這批巨額走私品帶著走太不方便了，放在哪裡好呢？他忽然想到警察一定不會想到去搜查教堂，於是他就帶著所有的走私品，躲到了一間教堂裡，並且請求教堂裡的老牧師，讓他把走私品藏在教堂的閣樓裡。

這位虔誠的老牧師斷然拒絕走私客的請求，要求此人馬上離開，否則他就要報警了。

「我給你一筆錢來報答你的善行，你看二十萬元怎麼樣？」走私客請求道。

老牧師堅定地說：「這是不可能的事。」

「那麼五十萬元呢？」走私客一再請求。老牧師依舊拒絕。

「一百萬元怎麼樣？」走私客仍然不死心地問。

老牧師忽然大發雷霆，用力將走私客推到外面去：「你離我遠一點，給我滾。你開的價錢，已經快接近我心目中的數目了。」

貪慾往往會使人突破自己的道德防線，而做出不該做的事。當你受到金錢的誘惑時最好靜下心來，平息自己的慾望，用道德力量抵禦誘惑的力量，「無欲則剛」。

妙高禪師的修行

妙高禪師修行時經常打瞌睡，為了警策自己，他移到懸崖邊修行，這樣一打瞌睡，就會栽下去沒命了。但他的修行功夫還沒到家，有一次打瞌睡時，他真的摔下去了，他心想這次可沒命了，沒想到在半山腰時，忽然覺得有人托住他將他送上崖來。

他驚喜地問：「是誰救了我。」

空中有個聲音回答：「護法韋陀！」

妙高禪師高興地想，韋陀菩薩為我護法，說明我的道行、還不錯嘛！韋陀法師看出了他生了傲慢之心，就告訴他，二十世不再護他的法了。

妙高禪師聽了萬分慚愧，心想韋陀法師因為我生傲慢之心而不再護法，但我還是要繼續修行，修不成，一頭栽下去摔死算了。

誰知坐不多久，他又打磕睡，一頭栽了下去。

他想這次可真的沒命了，誰知當他快落地的時候，又有人把他送到懸崖上邊。禪師又問：「是誰救了我？」

空中又有一個聲音道：「護法韋陀！」

「你不是說二十世不再護我的法了嗎？怎麼又來了？」

韋陀菩薩說：「法師，因為你剛剛生起一念慚愧之心就已超過二十世了！」

犯錯誤不可怕，只怕不知改正錯誤。因為錯誤對任何人來說都不可避免，只要能改正，你就前進了一步。為此，做一個勇於承認並改正錯誤的人吧！

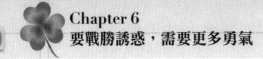

貧窮

永秀法師是個醉心吹笛的風雅人物。他只要有空閒時間就不停地吹笛子，雖然生活十分貧困，可是他從不向人乞求幫助。

永秀有一個很富有的朋友叫賴清。賴清知道永秀的貧困後，深覺可憐，派人傳話說：「為什麼不對我說呢？遭到如此困境，我想誰都會幫助的。」

永秀聽了，對傳話的人說：「這真叫人感到惶恐，有件事以前一直就想開口，但心裡忌憚，不敢冒昧地提出請求。既然賴清這樣說，我馬上就去當面稟告。」

賴清聽了回報後，心想他說得這麼慎重，不會是提出什麼過分的要求？那就很難處理了。日落時分，永秀來拜訪，賴清趕緊請他進來，問起他的來意。

永秀的回答讓他吃了一驚：「你在築紫有大片領地，生長在那裡的漢竹是做笛子的絕好材料，我能不能請你送我一枝漢竹，我好用它做一支笛子？」

賴清滿口答應，並問是否需要生活上的幫助。永秀回答道：「太感謝了，但朝夕事物，我會自行解決。」

就這樣，永秀技藝日益精湛，成為一代吹笛名手。

在貧窮中堅持自己的理想，努力地奮鬥，是脫離貧窮（包括物質和精神）的唯一方法。這一過程最能造就人才。一個人一直依賴他人，不須考慮為自己的麵包而奮鬥的人，他的發展前景是會受限制的。

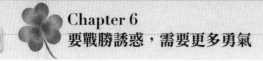

蟲子的悲劇

有一種小蟲子非常擅長揹東西。在牠爬行的時候，只要一遇到牠喜歡的東西，也不管有沒有用，總要想方設法抓過來放到自己的背上。

儘管有時候牠的東西太多太沉，壓得牠走路都困難了，可是一遇到牠喜歡的，牠還是不停地向上加東西。所以到最後，牠被壓得跌倒在地上，再也爬不起來了。

有的人遇到這種小蟲子時，覺得牠十分可憐，便替牠去掉背上的東西。但只要一恢復到能夠爬行的時候，就又變得跟原來一樣，遇上喜歡的東西就再次抓過來背上。

這種小蟲子還有一個特點，牠非常喜歡往高處爬。牠一面向高處爬，一面不停地向自己背上加東西，累得精疲力盡也不知道停止，或把背上的東西扔掉，所以最後牠們往往都從高處掉下來摔死了。

生命的真正意義不在於自己有多少財富，而在於內心是否充實。豐富的心靈生活可以抵消因物質的貧乏而給自己帶來的痛苦，儘管只有真正的隱者才能做到這一點，不過，它也應該是我們每個人努力的方向。

無私

謝伍德・安德森是二十世紀初美國著名的作家，他曾寫下了廣受讚譽的小說《俄亥俄州瓦思堡鎮》，影響了許多年輕人。

一九一九年，一位曾經在戰爭時受過傷的年輕人搬到了芝加哥，住在安德森家附近。他經常和安德森一起散步，和安德森一些談文學，人生以及寫作技巧等方面問題，安德森的為人處世之道比他的作品更深地影響了他。

後來，當安德森到新奧爾良時，一個同樣受安德森作品影響的年輕人慕名前來向他求教，安德森同樣毫無保留地幫助他，還把他介紹給出版商，幫他出版了他的第一部小說。

許多年過去了，安德森從未拒絕過任何一個向他求教的年輕人，許多人不明白安德森為什麼這麼慷慨，願意把人生最寶貴的東西——時間和寫作技巧傳給年輕人。安德森說他也曾受教於另一偉大的前輩作家德萊塞。

前面提到過的第一位年輕人在一九二六年發表了《太陽照樣升起》，為他贏得了廣泛的讚譽，他的名字叫海明威。第二個年輕人叫福克納，幾年後寫出了享譽全美的傑作《喧囂與憤怒》。

鼓勵後進是每一個成功的長者應該做的事情，透過壓抑而維護自己現有地位的做法是無知而愚蠢的；安德森已用親身做法給別人做出了榜樣。唯有如此才能贏得別人的真正尊敬。

盡自己的力量

一位年輕的牧師宣誓之後，帶著對上帝的虔誠，以救助那些處於災難中的人為目的到了非洲的一個國家。儘管他對非洲的貧困落後做了心理準備，但現實情況依然大出他的意外，那裡缺乏食物，缺少必要的藥品器材。他感到他一個人真是太渺小，能做什麼呢？

一天，他又信步走到街上，看見一群流浪兒童，個個因為長期飢餓而骨瘦如柴，瞪著一雙飢渴的眼睛祈求地望著行人，有人扔了一塊麵包給他們，他們立刻一窩蜂地搶成一團，得到一塊就立刻塞到嘴裡，生怕被別人再搶走。

這位年輕的牧師看到這一切，沮喪到了極點，他對上帝的信仰發生了動搖。他責怪上帝：「上帝啊，你怎麼會允許這麼多困苦的事情存在呢？你為什麼不採取措施救救他們呢？」

接著，他嚇了一大跳，因為他清清楚楚地從他心裡聽到一個聲音說：「我已經採取措施，我創造了你。」他知道那是上帝的聲音。

社會上存在著的孤立無助和人情的冷淡等種種現象，這也許會引起你的嘆息和憤慨。但嘆息和憤慨對改變這些現象毫無用處。儘管你的力量很小，但你切切實實做出的每一分努力，都會讓這世界增加一分美麗。

正面思考 68

用腦袋思考：你不能總把希望寄託在好運上

編　　著　鐘紀緯
出 版 者　大拓文化事業有限公司
執行編輯　林秀如
封面設計　林鈺恆
內文排版　姚恩涵

總 經 銷　永續圖書有限公司
劃撥帳號　18669219
地　　址　22103 新北市汐止區大同路三段一九十四號九樓之一
TEL （〇二）八六四七—三六六三
FAX （〇二）八六四七—三六六〇
E-mail　yungjiuh@ms45.hinet.net
網　　址　www.foreverbooks.com.tw

CVS代理　美璟文化有限公司
TEL （〇二）二七二三—九九六八
FAX （〇二）二七二三—九六六八

法律顧問　方圓法律事務所　涂成樞律師

出版日◇二〇一九年九月

國家圖書館出版品預行編目資料

用腦袋思考：你不能總把希望寄託在好運上 /
鐘紀緯編著. -- 初版. -- 新北市：大拓文化, 民108.09
面；　公分. -- (正面思考；68)
ISBN 978-986-411-102-2(平裝)
1.成功法 2.自我實現
177.2　　　　108011333

謝謝您購買 用腦袋思考：你不能總把希望寄託在好運上 這本書！

即日起，詳細填寫本卡各欄，對折免貼郵票寄回，我們每月將抽出一百名回函讀者寄出精美禮物，並享有生日當月購書優惠！

想知道更多更即時的消息，歡迎加入“永續圖書粉絲團”

您也可以利用以下傳真或是掃描圖檔寄回本公司信箱，謝謝。

傳真電話：（02）8647-3660　　信箱：yungjiuh@ms45.hinet.net

☺ 姓名：　　□男　□女　　□單身　□已婚

☺ 生日：　　□非會員　　□已是會員

☺ E-Mail：　　電話：（　）

☺ 地址：

☺ 學歷：□高中及以下　□專科或大學　□研究所以上　□其他

☺ 職業：□學生　□資訊　□製造　□行銷　□服務　□金融

□傳播　□公教　□軍警　□自由　□家管　□其他

☺ 您購買此書的原因：□書名　□作者　□內容　□封面　□其他

☺ 您購買此書地點：　　金額：

☺ 建議改進：□內容　□封面　□版面設計　□其他

您的建議：

廣 告 回 信
基隆郵局登記證
基隆廣字第57號

新北市汐止區大同路三段一九四號九樓之一

大拓文化事業有限公司收

請沿此虛線對折免貼郵票，以膠帶黏貼後寄回，謝謝！